陈一冰给孩子的勇敢书

ZUO ZIJI DE GUANJUN

做自己的冠军

陈一冰 著

U0822836

GUANGXI NORMAL UNIVERSITY PRESS
广西师范大学出版社
·桂林·

出版统筹：汤文辉
选题策划：王　津
责任编辑：熊　隽　许淑贤　张　盟
美术编辑：卜翠红
版权联络：张耀霖
营销主管：耿　磊
责任技编：郭　鹏

图书在版编目（CIP）数据

做自己的冠军／陈一冰著．—桂林：广西师范大学出版社，2016.9（2022.11 重印）
（陈一冰给孩子的勇敢书）
ISBN 978-7-5495-8565-6

Ⅰ．①做…　Ⅱ．①陈…　Ⅲ．①成功心理－少儿读物　Ⅳ．①B848.4-49

中国版本图书馆 CIP 数据核字（2016）第 181235 号

广西师范大学出版社出版发行
（广西桂林市五里店路 9 号　邮政编码：541004
网址：http://www.bbtpress.com）
出版人：黄轩庄
全国新华书店经销
广西民族印刷包装集团有限公司印刷
（南宁市高新区高新三路 1 号　邮政编码：530007）
开本：880 mm × 1 240 mm　1/32
印张：7.125　　　字数：110 千字
2016 年 9 月第 1 版　　2022 年 11 月第 5 次印刷
印数：22 901~42 900 册　　定价：19. 80 元

如发现印装质量问题，影响阅读，请与出版社发行部门联系调换。

序言

1952年6月10日，毛泽东主席为新中国体育工作题写了“发展体育运动，增强人民体质”十二个大字。看似简单的两句话，却道出了体育的真谛，指明了体育的方向，体育的功能开始深入人心，体育活动在我国轰轰烈烈地发展起来。

1984年7月29日，中国射击运动员许海峰在第23届洛杉矶奥运会上为中国夺得第一枚金牌，我国实现了奥运金牌零的突破，极大地鼓舞了海内外中华儿女。

2001年7月13日，北京成功申办2008年第29届奥运会。在圆满举办了一届无与伦比的夏季奥运会之后，2015年7月31日，北京携手张家口成功申办2022年冬季奥运会，创造了在同一个城市既举办夏季奥运会，又举办冬季奥运会的历史，谱写了中国参与奥林匹克运动的新篇章。

每一届奥运会都是世界各国优秀选手切磋交流技艺、增进团结友谊的舞台，也是奥林匹克精神和理念传播普及的平台。陈一冰是我国著名的体操运动员，在2012年伦敦奥运会上以一套近乎完美的高难度动作，征服了全世界的观众，虽然与金牌失之交臂，夺得男子吊环项目的银牌，但其淡定、从容、大气的微笑，深刻地诠释了“和平、友谊、团结”的奥林匹克精神和“参与比取胜更重要”的奥林匹克格言，既充分体现了他个人的人格魅力，也展示了中国运动员的良好形象。

退役后的陈一冰，依然积极投身于体育公益事业。初为人父的他，深知青少年是祖国的希望和民族的未来，青少年的身体素质和健康水平关系着国家和民族的前途命运。作为一名专业运动员、作为一名父亲，他觉得自己应该为孩子们做些事情。因此，他为青少年专门创作了“陈一冰给孩子的勇敢书”，这套书从相互理解、友谊长久、团结一致和公平竞争四个方面向全国青少年讲述体育的历史、介绍体育的含义、传播体育的知识、弘扬奥林匹克精神。在每本书的最后，还根据自己多年来积累的运动知识和训练经验，为青少年进行体育锻炼提出了科学的建议。相信这套书对广大青少年读者会有很大的帮助，也希望通过这套书能让更多的青少年爱上体育运动、掌握专业的体育知识、理解真正的体育精神、练就健康强壮的身体，从而为推进健康中国建设做出个人的贡献！

于再清

2016 年 8 月 16 日

自序

在人类社会漫长的发展历程中，古代国家之间、民族之间的联系和交往是非常有限的。当时的人们只是生活在本国家、本民族的一个小圈子里，对于其他国家、民族缺乏了解和认知，人与人之间的感情也是淡漠的。国家之间、民族之间总是因为种种矛盾不断地爆发大大小小的战争，而人民早已经厌倦了这种永无休止的争斗，他们渴望和平、渴望友谊，可是又不知道从何处获得和平、获得友谊。

正当人们焦虑、无奈、彷徨时，奥林匹克运动会来了！这一国际性运动会的到来彻底打破了国王位的继承人，奥拉维从小便受到了人与人之间、国家与国家之间、民族与民族之间的界限，让全世界人民汇聚到了一起，成就了一场空前规模的、伟大的友谊聚会。

奥林匹克运动会的核心精神是什么？《奥林匹克宪章》指出，奥运精神就是相互了解、友谊、团结和公平竞争的精神。它的目的就在于为奥林匹克运动提供必不可少的文化氛围和精神境界。只有在这样的氛围和境界中，人们才会跨越文化之间的差异、矛盾和冲突，使全世界呈现一片欣欣向荣的景象；只有在这样的氛围和境界中，人们才会跳出本民族的局限，去认知和理解本民族之外的世界，进而彼此成为朋友；只有在这样的氛围和境界中，人们才能更加深刻地认识自己、丰富自己，并实现真正意义上的国际交流。如果没有相互了解、友谊、团结和公平竞争的奥运精神，奥林匹克运动就不可能得到彻底的贯彻，奥林匹克运动也就无法实现其促进世界和平与建立美好世界的目标。

“通过没有任何歧视、具有奥林匹克精神——以友谊、团结和公平精神互相了解的体育活动来教育青年，从而为建立一个和平的更美好的世界做出贡献。”这是奥林匹克运动会最根本的宗旨。在这一宗旨中，友谊的分量占有很大的比重。

这些年来，我一直为奥林匹克运动中所展现出的友谊精神感动着，也一直想在这方面做一些自己力所能及的事，恰逢广西师范大学出版社给了我这个机会，让我得以把这种精神传播出去。

这样做的原因有两个：一方面，奥林匹克运动可以架设沟通各国人民之间的友谊桥梁，增进不同民族、不同文化的人们之间的相互了解，促进世界和平，减少战争带来的危害，以促进人类社会向真善美的方向发展。另一方面，奥林匹克运动以富有人文精神的体育运动作为实现自己宗旨的途径，并在全世界人民之间建立友谊的纽带。

无论从哪方面来看，作为世界公民中的一分子，我们都有责任为奥林匹克运动会做出一份贡献，哪怕是微薄的。我也相信，全世界人民都有这样的想法，并为之努力着！

目录

CONTENTS

重要的不是取胜而是参与

竞技追求的就是胜利，

竞争就是实力的比拼，

但在这个竞争的过程中，

奥运赋予竞争更深的内涵，

令奥运会上的竞争拥有更博大的情感

——参与。

参与其中，

无论结局如何。

因为比胜利更加重要的是，

过程。

短跑故事

一个人也能挺起国家的脊梁

长了双“兔子腿”的男孩儿

大家都看过《闯关东》的故事吗？下面要讲的这个故事，就是从闯关东开始的。一个名叫刘兆祖的少年随着父母闯关东来到了东北的大连，在大连他做了一名鞋店的学徒工。后来，他又自己开了鞋店，日子过得还算红火。可是好景不长，中国被日本侵略了，日本人也在大连开起了鞋店，并且让老百姓只买他们生产的鞋。

就这样，刘兆祖失业了，他只能回到自己的家乡。就是在这一年，他的儿子出生了，他给自己的儿子取名叫刘长春。

不知道是不是跟父亲卖鞋有关，刘长春的腿脚特别快。上小学的时候，刘长春最喜欢的课就是体育课，体育课上最喜欢的项目就是跑步和踢足球，因为他跑得速度快，别的孩子都追不上他。久而久之，刘长春就得到了一个绰号——兔子腿，意思就是说，他跑起来像兔子一样快。

对于同学们给自己起绰号，刘长春并不在意，依旧和同学们和谐相处。有一次，他的同学被一名日本小学生给欺负了，刘长春便带着自己的同学，来到了与他们学校仅有一街之隔的“日本小学”，找那个日本小学生“报仇”。结果却因为对方人多势众，刘长春“报仇”不成，反而被打了一顿。

回到学校，刘长春哭着把事情告诉了老师，老师摸着他的头，对他说：“不哭，等你长大了，要为中国争气，这样他们就不敢欺负我们了。”小小的刘长春把老师的话深深地记在了脑海里，每天他都在盼着自己能够快些长大，这样就能做为祖国争气的事情了。

日子一天天过去，刘长春小学毕业了，他上了初中。在一次学校举行的运动会上，刘长春居然跑出了100米11秒8的成绩。学校的老师和同学都被这个成绩给惊呆了，因为这个成绩远远超出了当时中学生的水平。一时间，刘长春长了双“兔子腿”的消息，传遍了整个校园，人人都知道了这个跑得快的男孩儿。

但是好景不长，因为一家人的生活重担都压在父亲身上，家里的日子渐渐捉襟见肘。作为长子的刘长春不忍父亲独自一人为全家操劳，于是他选择了辍学打工。那年，刘长春才14岁，他来到了一家玻璃厂做起了学徒工。

为国争气的机会

1927 年，大连举办了一次全市运动会，刘长春听说后，想都不想就报了名。自从离开学校后，他就再也没有参加过运动会了，每当休息之余，刘长春都会特别怀念自己曾经参加运动会时的场景。

在这次运动会上，年仅 18 岁的刘长春跑出了 100 米 11 秒的好成绩。这一幕被沈阳东北大学体育系的一位老师看到了，这位老师立即意识到自己发现了一名田径奇才。比赛过后，这位老师找到刘长春问：“你愿意到沈阳上学吗？”

“上学？”刘长春显然没有回过神来。

“对，上东北大学的体育系。”老师铿锵有力的话传到了刘长春的耳朵里，刘长春感觉自己幸福得快要晕倒了，他想不到自己还能拥有上学的机会，而且还是上大学。

当天，刘长春就回到家，将这个消息告诉了父亲。听到自己的儿子能够上大学，父亲自然喜不自胜，连忙点头同意。就这样，刘长春来到了张学良将军创办的北陵体育基地进行训练。在这个训练基地里，刘长春第一次得到了专业而系统的训练，并且他还得知，体育可以强国。作为一个专门从事体育运动的人，刘长春意识到自己获得了一个可以为国争气的机会。为此，他在训练时更加卖力了。

上了两年大学后，张学良将军策划了一场中日德三国邀请赛，刘长春也参加了这次比赛。在100米短跑的比赛中，一共有5名选手进入了决赛，但却只有刘长春一个中国人。发令枪声一响，刘长春就冲了出去，并且很快将两名日本选手甩在了身后，与德国名将彦鲁特拉比尔并肩冲在最前面。

此时，站在看台上的张学良将军激动不已，指着刘长春说道：“好！刘长春，好样的刘长春！有种！我要为你请个好教练。”

然而在那天的比赛中，刘长春并没有取得第一名，而是仅以一寸之差，败给了彦鲁特拉比尔。这一失误完全是因为刘长春的经验不足，他在就快到终点的地方，回头看了一眼彦鲁特拉比尔，就因为这一眼，本来可以夺冠的刘长春与彦鲁特拉比尔一同冲过了终点线，两人成绩同为 10 秒 6！而在冲线的那一刹那，彦鲁特拉比尔抢了刘长春一寸，这一寸令刘长春成了亚军。

赛后，张学良将军说到做到，真的为刘长春请来了一名德国教练。从此，刘长春接受到西方的专业训练。这使刘长春在杭州运动会上连续夺得了 100 米、200 米、400 米三项冠军，震惊了全国。为了纪念他，杭州还特地将通往运动场的那条路命名为“长春路”。

为中国人推开奥运会的大门

1932 年，又是一届奥运会举办的时间。在此之前的奥运会中，从来没有出现过中国人的身影，但是这一次，中国必须要派出自己的选手去参加奥运会，这不但是为了向世界证明中国也有体育人才，更是向占领中国的日本人宣示主权。

在这样的背景下，刘长春自然成了为国争气的不二人选。这一切就像一场梦一般，刘长春终于等来了真正为国争气的机会。经过紧张的训练，当年的7月份，刘长春与随身教练宋君复一同登上了远渡重洋的轮船。

他们从上海出发，前往美国洛杉矶。在出行的那天，很多人自发来到码头为刘长春送行。上海一家报刊，还专门在报纸上登了一篇名为《单刀赴会》的漫画。漫画中画着威风凛凛的关羽，手持着一把大刀，挺立在一艘小船上。这多么像刘长春的真实写照！

船在茫茫大海上一漂泊就是20多天，刘长春被晕船折磨得痛苦不堪。在船抵达日本的神户时，日本专门发来贺电，只不过贺电上祝贺的是代表伪满洲国参赛的刘长春。为此，刘长春拒绝在贺电上签字，并且义正词严地说："在这艘船上，只有代表'中华民国'参赛的刘长春。"日本人的举动，更增强了刘长春参加奥运会的决心，无论要经过多少艰难险阻，他都要站在奥运会的跑道上。

整整漂泊了21天后，刘长春终于到达了洛杉矶。一下船，刘长春就受到了热烈的欢迎，看着前来迎接自己的居美华侨，刘长春感慨万千。虽然与祖国相隔万水千山，但是刘长春依旧感受到了浓浓的血脉相连之情。但很快这种感动就被无尽的悲凉冲散了。

在奥运会开幕当天，中国代表队被安排在第八位出场。刘长春与教练宋君复走在最前面，跟在他们后面的是各方代表，体协、教练、旅美学生、教授等，加起来总共8个人。与欧美、日本等国浩浩荡荡的代表团相比，刘长春的心里涌起阵阵悲凉。作为拥有四万万人的泱泱大国，中国竟只有一位参赛选手。

在比赛当天，看着自己身边精力充沛的其他选手，刘长春难掩心中的不安和焦虑，21 天的海上漂泊，让刘长春身心疲惫，但是他还来不及恢复体力和进行训练，就站在了跑道上。但刘长春还是抱定了“拼死一搏”的决心，他没有忘记“为国争气”的理想，所以他强压下所有的不安与焦虑。发令枪一响，刘长春就冲了出去，如一只急速狂飙的雄鹰般，迅速超过了其他选手。可是在 70 米的时候，他感觉到体力不支，等到 80 米的时候，他已经被好几名选手超越，刘长春想要超过他们，可是双脚却怎么也使不上劲儿了。结果可想而知，刘长春没能进入复赛和决赛。

紧接着进行的 200 米比赛中，刘长春再次被淘汰。最后，他不得不放弃了最后的 400 米比赛，拖着疲惫的身体，踏上了回国的旅程。

此后，刘长春又参加了在德国柏林举办的奥运会。但是对于这届奥运会，刘长春始终不愿提及。因为当时国家派了 66 名运动员参赛，但是却没有得到任何成绩，并且连最后的回国经费都没有。如果不是得到了当地华侨的资助，刘长春很可能会流落四方或客死异乡。

直到去世前，这位曾经一个人去参加奥运会的老人，都没能看到中国在奥运会上崛起。不过，就在他去世一年后，新中国再次参加了奥运会，并且还将他的名字记入了中国奥运会代表团名单中。

这或许是对他老人家最好的告慰。

·陈一冰点评·

曾经，我们因为国力衰弱而被世界强国瞧不起，甚至被认为中国人不配参加这种“强者之间的竞争”。但是刘长春却用他的行动告诉全世界，任何一个国家，不管是强是弱，只要热爱体育，具有体育精神，奥运会的大门就会为他敞开。这就是奥林匹克精神的宗旨，对每一个热爱体育、热爱运动的人都报以认可与包容的态度。即便刘长春前辈最后没有拿到一枚金牌，也没有取得任何成绩，但是只要他出现在了赛场上，并参与了比赛的过程，就是一种“胜利”，是一种精神上的“胜利”。

要知道，对于那些贫穷弱小的国家而言，培养一名运动员是多么不容易的事情。无论是运动设施，还是在生活方面，都无法与那些强大的国家相比。这就好比，强国的运动员吃的是牛肉，喝的是牛奶；而弱国的运动员吃的是馒头，喝的是白开水。这样又怎么能在体能上达到同等的水平呢？在这种情况下，弱小国家的运动员取胜似乎太过遥远，能够站在赛场上，完成一项比赛，就不是一件简单的事情了。

而这样的事情，直到2012年的伦敦奥运会上，依旧存在。那是女子400米预赛，来自索马里的法拉赫以1分20秒48的奥运最差成绩完成了比赛，但是这并不影响人们对她报以热烈的掌声；还有来自非洲莱索托王国的梅森普，她在女子50米自由泳预赛中，以最差的成绩结束了比赛，但赛后她却说自己就是一个“胜利者”，因为在她的国家，全国只有一个50米长的游泳池。虽然他们在赛场上取得了最差的成绩，但是对于整个国家而言，他们的参与就是在该领域的一项重大突破。

如果没有刘长春“单刀赴会”的先河，中国步入奥运会赛场的步伐不知道还会晚几年。虽然他在比赛场上没有取得傲人的成绩，但是他却为千千万万个中国人，推开了奥运会的大门。在我的体育生涯中，我不止一次听前辈们、老师们、队友们讲起刘长春的故事，每一次听到，都会为之动容，对他的突破精神涌出钦佩之情。他那“单刀赴会”的精神时刻激励着我，让我谨记“少年强则国强”，让我明白读书学习、强身健体，不单单是为了我们自己，更是为了令我们的祖国更加强盛。

小贴士
TIPS

奥运会上的“特困生”

在参加奥运会的国家中，很多国家的财政都非常困难。比如：巴西政府财政困难，没办法给选手参赛的经费，所以政府就给选手带了5万袋巴西产的咖啡，然后在美国廉价出售，将挣得的钱作为参赛经费；还有的国家为了能够节省经费，要对参赛的选手筛选很多遍，对于一些同样非常优秀，但是却又没有把握拿冠军的选手，只能忍痛割爱。芬兰就只派了田径选手参赛，瑞典只派了拳击选手，而法国、匈牙利等国家为了省钱不得不放弃了团体比赛项目。

运动员们的厨师

对于运动员们而言，饮食可不是一件马马虎虎能够填饱肚子就行的事。他们不能吃太多，因为那样会长胖，长胖了就无法完成那些高难度的动作，你想啊，一个大胖子怎么能空中转体360度呢！但也不能吃太少，因为运动员运动量大，吃得少热量又供给不上，导致训练的时候没有力气。尤其是举重、摔跤等项目的运动员，还就得多吃点。

所以做运动员们的厨师可不是一件简单的事情。

因此，当举重、游泳、田径、摔跤、柔道这几个队的队员们吃饭时，厨师就得换上大容器，把菜量准备足，因为他们耗费体力，消耗最多，所以平时吃得也最多；但是当体操队的队员们来吃饭时，就得换上小容器装饭菜了，因为他们吃得少，尤其是小女孩，还要控制体重，基本上吃不了多少东西。

帆船和跨栏故事

勇气不分贵贱，成功不论出身

挪威来的帆船王子

在 1928 年阿姆斯特丹奥运会的 6 米船混合赛中，一个英俊的小伙子驾驶着一条叫作“挪尔娜”的帆船率先通过了终点。在观众们阵阵热烈的欢呼声中，这个小伙子嘴角带着一丝自信的微笑，身姿优雅地站上了领奖台，他的一举一动，都显得气度不凡。他的名字叫作奥拉维。或许从外表看来，他与所有的获奖选手并没有什么不同，只是言行举止更加彬彬有礼。但实际上，他是一位名副其实的王子，与大家在童话书中看到的王子无二。

作为挪威王国王位的继承人，奥拉维从小便受到了良好的教育。从小学起，他除了要学习正常的语文、数学等内容，还要学习很多贵族需要掌握的礼仪与才能，这让他的童年时光少了许多嬉戏玩耍的时间。他也曾为此郁闷过，不过作为未来王位的继承人，不让自己优秀起来，又怎么配做高高在上的王者呢？所以，抱怨归抱怨，该学习的时候，奥拉维可是一点都不马虎。

就这样，他顺利地从小学升到了中学，中学毕业以后，他进入挪威的军事学院学习了三年，然后又到英国的牛津大学留学，在牛津大学里，奥拉维主要学习了政治、历史和经济，这些都是他将来做国王后必须要懂得的知识。似乎奥拉维所学的一切，都是在为将来做打算，不管他喜欢不喜欢，他都必须要学。好在，在这些学习当中，体育给奥拉维带来了很大的乐趣，可以说几乎任何运动，他都钟爱。但是真正让他成为一名运动员的，是一次大型的跳台滑雪比赛。

滑雪，可是一项危险而又刺激的运动，可比什么过山车，激流勇进之类的刺激多了，因为运动员要从几百米的高坡上以飞快的速度滑下，而且身上没有任何保护措施，这该是一种什么感觉呀？万一一个站不稳，就会连滚带爬地摔下山去，轻则骨折，重则可能丧命。而奥拉维参加的还是跳台滑雪，那无疑又增加了难度。由此可见，我们这位王子还真是勇敢，怪不得童话中的王子总是那么英勇，现实确实如此啊。

不过，这还不是奥拉维最喜爱的运动，他最喜欢的是驾驶帆船，在巨浪中驰骋。这同样也是一项不怎么安全的运动，万一落水，那后果还真是不堪设想。可是这偏偏就是奥拉维王子的特点，用勇气和胆量战胜危险。所以，只要有出海比赛的机会，这个王子就不会放过。在挪威大大小小的帆船比赛中，都能看到他的身影。

但让人们彻底记住他，并且关注他的，还是他在阿姆斯特丹奥运会夺冠的那一刻。从那以后，挪威的人民都认识了这个参加过奥运会的王子。同时也因为他亲民的形象，而深得人民的爱戴。后来，他登上了王位，并且为人民做了许多贡献。所以在他去世的时候，王宫前的广场上成了烛光的海洋，人们纷纷聚集到一起悼念这位“人民的国王”。

爱好跨栏的公爵

在阿姆斯特丹奥运会的赛场上，贵族还不止奥拉维一人，还有一个身份虽不及他尊贵，但是也同样举足轻重的人物——他就是来自英国的大卫·伯夫利，一位公爵爵位的继承人。这位公爵可谓是对奥运会情有独钟，早在1924年他就参加了100米跨栏的比赛。

由于身份的原因，伯夫利并不能像普通运动员那样，一住进奥运村就进行各种赛前准备，他来到其他的国家，还肩负着许多使命，偶尔参加个会议什么的是常有的事。有一天，他去体育场参加一个官方的活动，但是门卫却不让他进去，因为门卫将他当成了一个普通的运动员。更加倒霉的是，他还遇到了一个极度负责并且顽固不化的门卫，不管伯夫利怎么解释，这个门卫就是不准他入场，非让他绕过整个体育场，从运动员的入口进去。无奈之下，伯夫利不再争辩，他安静地向后退了几步，然后把戴在头上的帽子系紧，就在门卫奇怪他离开的方式太奇怪时，他摆出了跨栏的姿势，然后助跑——抬腿——跨越——落地，体育场上一米二十几公分高的栅栏，就这样被他轻而易举地跨了过去。然后他在门卫吃惊的眼神当中，掸了掸身上的衣服，一脸从容地走进了会议厅。

在正式比赛的时候，伯夫利没有取得名次。不过这一次的失败，并没有让伯夫利退缩，他反而越挫越勇。回到英国后，他每天都勤加苦练，为了锻炼自己的速度，他以剑桥大学三一学院的钟声为准，在大钟敲响 12 下的时间里，他要绕着学院的大操场跑完一整圈。这样的速度，在整个剑桥大学没有人能超过他，他创造了一个纪录。

同时，为了让自己的腿在跨栏的时候能够抬得更高，伯夫利在栏架上放了一个小盒子，然后在跨栏的时候，用脚将小盒子踢下来，但是腿却不能碰到栏架。就是这种“独门”训练方式，让伯夫利跨栏的技术日益提升。当他再次站在奥运会的跑道上时，他以第一名的成绩获得了 400 米栏的冠军。

后来，人们为了纪念他，将他的故事改编后放到了一部电影里。电影播出后好评如潮，并且还获得了奥斯卡奖呢！

陈一冰点评

奥拉维和伯夫利出现在奥运赛场上，再一次刷新了人们的观念，让人们看到，奥运会不是只有普通人参加的比赛，贵族们也可以参加。同时也让人们明白，平民百姓也好，王孙贵族也罢，只要站在了这个赛场上，就拥有同样的起点，在身份上都是平等的，都是一个普通的“运动员”。得到了金牌，人们会为他欢呼；没有名次，人们也会把鼓励的掌声献给他。

而最让我钦佩的，并不是他们在比赛中取得了怎样的成绩，而是不管是奥拉维还是伯夫利，他们的出身使他们从一开始就站在了一个更高的起点上，但是他们却没有因此而居高自傲，而是用自己拼搏的精神征服了全世界的人民，让人们看到了他们身为贵族，不仅仅是身份上的高贵，道德品质上也毫不逊色。

同样的道理，不管我们的出身如何，不管是贫穷还是富贵，都不应该成为自己努力的障碍。贫穷应该奋斗，因为只有奋斗才能改变命运，摆脱贫穷；富贵更应该奋斗，因为富贵为我们提供了更加优越的条件，让我们没有理由浪费这些条件，只能将它们利用起来，让自己成为更加优秀的人。

我不禁想起了曾经到山村希望小学的事情。那里的孩子们没有明亮的教室，没有崭新的课本，甚至连一个像样的书包都没有，但是他们为了求学可以天不亮就起床，连续走两三个小时的山路到学校上学。他们常常食不果腹，但是却把知识当作最好的精神食粮。他们热爱学习，尊敬师长，似乎命运对他们不公，他们却以努力回报。

再看看城市里的孩子们，宽敞的教室，崭新的课本，专门的校车。如果我们不努力、不拼搏，那不是白白浪费了这些好时光吗？想想奥拉维和伯夫利，他们拥有至高无上的身份，尚且一直努力，何况我们呢？

小贴士
TIPS

体育训练可不是体育锻炼

我们经常说进行体育锻炼能够强身健体，在我们的印象中体育锻炼也无非就是跑跑步、踢踢腿之类的运动。但是运动员们进行的体育训练，跟我们所说的体育锻炼可不能同日而语，他们的训练是异常艰辛和痛苦的。每天非常非常累还是其次，最主要的是磕伤碰伤几乎是家常便饭。

所以，故事中的王子和公爵才会显得如此不简单。与我们想象的不同，他们虽然身为贵族，但是在生活中却一点也不“贵”，他们睡的是硬板床，吃的是粗茶淡饭，每天还要进行严格的训练，甚至比一些贫民过得更加辛苦。也正是因为这样，他们两个人才能在艰辛的体育训练中，坚持下来。

跳台滑雪

跳台滑雪是滑雪运动项目之一，从 1924 年第一届冬奥会就被列为比赛项目，共设有 70 米级和 90 米级台的两个跳雪项目。

在比赛的时候，运动员会脚穿专用滑雪板，然后从站台出发，在不借助任何外力的情况下，沿着助滑道下滑，获得高速度，再从台端飞出。此时，运动员身体与滑雪板形成锐角，像抛物线一样在空中飞行，直到自然落在地上，然后还要继续向前滑行至停止区停止。

这么刺激的运动，起源却有点残忍。相传，这是古时的挪威统治者处罚犯人的一种刑罚。

这种惩罚方式就是将两块滑雪板分别绑在犯人的双脚上，然后将犯人从高高的雪上推下去，当犯人滑到有断崖的地方时，身体就会被抛向高空，然后做“自由落体”运动，接着被摔死。后来，经过演变，这种惩罚方式逐渐变成了跳雪运动。

射击故事

别让年龄成为追求梦想的障碍

隐居山林的“神射手”

可以说，只要是参加运动会的国家，没有不想多拿金牌的，最好每个项目上都能拿到金牌。因为拿的金牌越多，在金牌榜上排名就越靠前，排名靠前，才能证明自己国力强盛。

在第一至第三届现代奥运会中，瑞典统统榜上无名，金牌数惨不忍睹，这可让瑞典的奥委会有些着急。或许还有更优秀的人才没有被发现，于是，他们不再将体育学校作为选取奥运人才的主要基地，而是将范围扩大到全国人民中，或许其中就有被“埋没”的人才呢?

没想到此举还真给瑞典的奥运带来了福音。经过多方打听，瑞典的奥委会工作人员得知，在斯堪的纳维亚茂密的森林和幽静的湖泊之间，住着一名远近闻名的老猎手，这个老猎手枪法准得能够令山里的野兽们闻风丧胆。

只是……这个老猎手还真的有点老，他已经60多岁了，而且眼睛已经有些花了，看东西总是十分模糊。但是对于猎人而言，想要射中那些在山林中奔跑的野兽，可不是单靠眼神好就能办到的事情，最重要的是感觉。这个老猎手就是凭感觉去打猎的，可以说，只要猎物从他身前跑过，他闭着眼睛，都能判断出猎物奔跑的方向和与自己的距离。

怎么样？是不是很神呀？噢，忘了告诉大家，这个老猎人的名字叫作奥斯卡·戈默·斯旺，他还有个儿子与他生活在一起，他的儿子也是个十分出色的猎人，大家都叫他小斯旺。

这天，老斯旺又像往常一样，早早地起了床，虽然已经是白天了，但天还是很黑。因为这是冬天，而且十分寒冷，可以说是呵气成冰。在这么冷的天气里，别人都恨不得躲在被窝里一整天都不出来，但是对于老斯旺来说，这可是个打猎的绝佳时节。因为天气冷了，野兽都冻得跑不动了。所以这一天，老斯旺的战果十分丰厚。

当他正坐在温暖的房子里，一边抽着大烟斗，一边数着自己的“战利品”时，几个陌生的客人来到他的家中，陌生的客人说自己是瑞典奥委会的成员。老斯旺可没听说过什么奥委会，更不知道这是个什么东西。不过他倒是很高兴，在这样凄冷的天气里，能有人来看望他，并且看着满屋子的野兽皮对他啧啧称赞。

不过很显然，这些客人可不是来买兽皮的，他们来是为了邀请老斯旺和他的儿子小斯旺参加 1908 年伦敦奥运会的。

“奥运会是什么？”老斯旺对着来客一脸不解地问，他活了六十多年，还是头一回听到这个新名词。

“就是一种体育比赛，有赛跑、跳高……”奥委会的成员耐心地解释道。

“不不不，我可参加不了，这可都是年轻人的游戏。”老斯旺不等来客将话说完，就忙摆手道。是啊，哪儿有这么大年纪还跟人家比赛跑步的，那不是必输无疑吗？

“老人家，您能参加，因为有一项比赛是您和您的儿子最擅长的，那就是射击！比赛的时候，在距离您 100 米的前方会有一些移动的假鹿，您只要能够开枪射中它们就行了。”经过奥委会成员的细细解释，老斯旺总算明白了奥运会是怎么一回事了。

这可难不倒他，满山跑的野兽都能被他一枪击倒，更不要说几匹移动的假鹿了，这可比打猎容易多了。

有趣的射“鹿”比赛

就这样，1908 年的夏天，老斯旺和小斯旺父子二人扛着枪离开了他们居住的山林，来到了英国的大都市伦敦，参加射“鹿”比赛。

在这场射“鹿”比赛中，总共有 15 名参赛者，除了老斯旺以外，其余的都是健壮的小伙子，留着半尺长白胡须的老斯旺站在一堆年轻人中间，显得特殊极了。不过他可没有因此怯场。中国有句老话“老将出马，一个顶俩”，他老斯旺就是名副其实的老将。

当天，伦敦还下着蒙蒙细雨，整个射击场都被烟雨笼罩着。这可不是一个适合射击的好天气，其他的选手心里有些烦闷，这样的天气会影响他们的成绩。只有老斯旺毫不担心，这样的天气才像是在大自然中一样，让他找到了在山中打猎的感觉。眼睛昏花加上雾雨蒙蒙，让远处的模型鹿就像是真的鹿在奔跑一样，老斯旺端起枪，几乎不用瞄准镜，“砰砰砰……”一阵枪响过后，老斯旺居然中了25发，这个成绩无人能敌，于是他当之无愧地成为第四届奥运会射击比赛的金牌得主。在山林中打了一辈子猎的斯旺老人，此刻不但见到了国际奥委会的主席顾拜旦，还亲眼见到了为他颁奖的女王大人。

而这，还不是让老斯旺感到最激动的时刻，最让他感到激动的是，打了这么多年的猎，还是第一次听到有人为自己鼓掌呢！观众的掌声，让老斯旺在瞬间就爱上了运动会。第二天，老斯旺又与小斯旺联手，一举拿下了射击比赛的团体金牌。当他们一同登上领奖台时，奥运会上出现了史无前例的一幕，那就是父与子一同在奥运会上领奖。后来，老斯旺又在个人射击双发比赛中，获得一枚铜牌。

这是瑞典参加奥运会以来，射击成绩最好的一次。或许正是因为有了老斯旺这位“世外高人”的助阵，瑞典选手在此次奥运会的每个参赛项目中都表现得十分出色，直接进入了金牌排行榜的前三名，仅次于东道主英国和体育强国美国。

因此，斯旺父子一回到瑞典，就受到了热烈的欢迎。荣誉过后，老斯旺还是选择了回到山林中生活，此后的四年里，老斯旺经常和自己的朋友们谈起奥运会的射“鹿”比赛。如果还能再参加一次，那该多好啊！

就这样盼着，1912 年第五届奥运会终于开幕了，而且就在老斯旺的祖国——瑞典举行。听闻这个消息，老斯旺十分高兴，他早早地就开始准备起来。当奥委会成员再次来到他的家中邀请他时，老斯旺已经整装待发了。

只是这一次，老斯旺没能获得像上一次那样优异的成绩，他仅获得了一枚射击双发的铜牌。不过令他欣慰的是，单发射击比赛的金牌并没有被别人拿走，而是被他的儿子小斯旺赢得了，后来他们又再次联手为瑞典队卫冕射击团体金牌。此时的老斯旺已经 64 岁了，他成了奥运会历史上年龄最大的冠军。

第一次世界大战结束后，奥运会恢复举办了。老斯旺再次出现在射击赛场上，此时他已经72岁了，令人称奇的是，他再次获得了一枚奖牌。虽然不是金牌，但是他的精神比金牌更加闪亮。

巴黎奥运会举办的时候，老斯旺还想再次站在赛场上，只是他的身体却不允许了。1927 年，老斯旺带着传奇猎手的美名永远地离开了人世。从此以后，小斯旺也没有再出现在奥运会上，这或许是他对自己父亲的一种缅怀方式吧。

陈一冰点评

60岁，这个在很多国家都已经是退休的年龄，奥斯卡·斯旺却站在了奥运会的领奖台上，他的事迹令奥林匹克“超越自我、超越极限”的意义变得更为丰富，从此以后，挑战和超越的不再仅仅是速度、高度和距离，还有人类超越自我、超越年龄的观念。

尽管射击这项比赛与体操相比，在力量上对运动员的要求并不那么高，但是也十分考验运动员身体的稳定性与协调性。所以当已经72岁的斯旺老人再次出现在奥运会的赛场上，并且夺得了银牌时，这一幕不管是对年轻的运动员还是对运动场以外的其他人，都是一种无声的鼓励，老人用行动告诉我们：参加奥运会年龄不是问题。只要心中有梦想，无论到什么时候去奋斗，都为时不晚。因此，人生才刚起步的我们，面对着自己的未来和梦想，就更没有什么理由怯懦和犹豫了。只要心存梦想，就应该为了梦想策马扬鞭，即便是失败了，我们还有机会和时间重新来过。只要不放弃，就总有梦想照进现实的那一天。

对于运动员而言，最美好的事情就是永远活跃在赛场上。我很理解斯旺老人在临终前还念念不忘参加奥运会的心情。我从5岁刚刚记事开始到现在快30岁，24年的时间里，体操陪伴我度过了数不清的日日夜夜。因此，当我站上退役演讲台的那一刻我哽咽了，因为我心中有太多不舍，尤其是当五星红旗在奥运赛场上升起的那一刻，我心中迸发出的自豪感，令我一生难忘。尽管我还希望自己能继续坚守，但伤病和年龄所限，我不得不选择离开。

但是我知道，离开了体操队，离开了奥运会赛场，并不意味着我的职业生涯就此结束，我还可以继续学习，还可以用另外的方式将体育精神发扬光大，比如动员更多的人参与到体育锻炼当中来。斯旺老人可以用行动告诉世人，年龄不是参赛的障碍，我也想用自己的行动告诉大家，人生任何时候都可以重来。

小贴士
TIPS

射“鹿”比赛＝射击比赛？

是的，现在的射击比赛，就是从射“鹿”比赛发展而来的。奥运会上的射击项目，最早起源于狩猎和军事训练，从第一届现代奥运会起，射击就被列入了比赛项目中。最早，射击比赛的目标是真实的动物，比如：野猪、鸽子、鹿等，但是人们渐渐觉得这样猎杀动物是不对的，而且活的动物在赛场上也不好控制，所以就用人工靶代替了原来的活物。故事中，斯旺老人射击的人工靶，就是移动的模型鹿靶。

谁是年龄最小的冠军？

既然有年龄最大的冠军，就会有年龄最小的冠军。我国运动员伏明霞曾创下了奥运会冠军年龄最小的纪录，那就是——13岁，这个还在翻看漫画书，与小伙伴捉迷藏、跳皮筋的年龄，伏明霞就已经获得了奥运的冠军。

✻短跑故事✻

以勇气为女性创造自由的“跑道”

就是爱体育，就是爱奔跑

1986 年 7 月 3 日在阿富汗首都喀布尔，一个小女孩出生了，父母给她取名为罗比娜。罗比娜的童年，有许多的兄弟姐妹跟她一起玩耍，那是一段十分快乐的时光。

但是由于种种原因，这种快乐很快消失了。因为女孩子的禁忌很多，她们不能跳舞、听流行音乐，不能看电视、录像，也不能上学、工作，甚至连理发都被禁止。这些约束，就像是牢笼般，将生性活泼好动的罗比娜囚禁在其中，她就像一个木偶一样，什么也不能做，只能全天在家里发呆。

在这个“牢笼”中，没有梦想和前程可言，天空似乎也因此而变得昏暗。

倔强的罗比娜不甘心就这样过完自己的一生，她开始自己在家里悄悄学习，遇到问题了，她就请教爸爸妈妈或是能够出去上学的哥哥和弟弟。每天晚上，当人们都回到家中关上门窗准备休息的时候，罗比娜就会戴上头巾与面纱，穿着长衣长裤来到自己家后面的空地上，她可不是想去做“夜行侠”哦，她这样打扮，是因为在阿富汗，女孩儿必须要戴着头巾与面纱、穿着长衣长裤出门，这是阿富汗女性的传统。白天，罗比娜没办法在外面玩耍，所以她只能趁外面没有人的时候出来，她会在那片空地上奔跑、跳跃……就像一只欢快的小鸟。有时候，罗比娜会想，如果一辈子都能这样自由，那该有多好。她不知道，其实幸福正在一步步向她迈近。

2001 年对于罗比娜来说是个幸福的转折年，因为她终于可以如愿以偿地上学了。坐在明亮的教室里，看着墙上的黑板，望着窗外的跑道，罗比娜几乎不相信眼前的一切是真实的，她幻想着自己在操场上奔跑的样子，心里就像有无数只百灵鸟在唱歌一样，那种欢快无法言喻。

在学校，罗比娜的体育天分被老师发现。就这样，罗比娜得以出现在 2004 年的雅典奥运会上。对于任何一个运动员而言，能够参加奥运会都是一种荣誉，但是这份荣誉对罗比娜而言，有着更重要的意义，因为她和她的同伴成为阿富汗历史上，第一批参加奥运会的女性运动员。

当罗比娜和同伴出现在开幕式上时，她听到了观众席上爆发出热烈的掌声。那一刻，罗比娜觉得自己似乎能够改变什么，或许通过自己的努力，能够让更多的阿富汗女性出现在奥运会上。

“死亡通知书”

从雅典奥运会回国以后，迎接罗比娜的并不是举国的欢迎。反之，随之而来的是谩骂和恐吓，这些声音来自反对女性参加奥运会的人。他们认为女性不应该抛头露面，在奥运会上出现，也不是为国争光，而是丢人现眼。所以，罗比娜所期盼的“改变”并没有实现，但好在热爱体育的人也没有因此而减少。

渐渐地，罗比娜淡出了人们的视线，她来到了一家私人银行工作。一晃几年就过去了，这期间，罗比娜没有放弃对体育的热衷，她经常在水泥路面上练习跑步，这对一个运动员而言，是十分危险的事情，因为她随时可能会摔倒，而这坚硬的路面给她造成的伤害远比橡胶跑道要严重得多。

2008 年，北京奥运会马上就要开始了，而原定要参加北京奥运会的阿富汗女子短跑选手阿哈德娅却在意大利和马来西亚进行集训时不见了踪影。原来在阿哈德娅决定要参加奥运会后，就开始有人找她的麻烦，不但恐吓她，不准她参加奥运会，还对她进行无休止的谩骂与嘲笑，而最终导致阿哈德娅躲起来的是一封“死亡通知书”，死神的气息让阿哈德娅害怕了，于是她选择了“消失”，然后将所有的难题都留给了奥委会。

此时，焦头烂额的奥委会忽然想到了参加过雅典奥运会的罗比娜，他们找到了罗比娜，希望罗比娜能够临危受命。罗比娜权衡再三后，决定代表国家，征战北京奥运会。但是面对着家庭的重担，罗比娜不能放弃在银行的工作，所以她只能一边工作，一边进行体能恢复训练。每天下午下班后，罗比娜都要坚持训练两个小时，与其他国家运动员不同的是，她在训练中也穿着长衣长裤，戴着面纱。在一次次的锻炼和冲刺中，汗水顺着罗比娜的脸颊流下来，浸透了她的面纱，使面纱紧紧贴在脸上，头发裹在头巾里，很快就湿成一团。然而，要在短短两周的时间内训练到参加奥运会的水平，这是不可能的事情，但是罗比娜并没有退缩，既然选择这条路，就要努力将它走完。

作为阿哈德娅的替代者，罗比娜同样没能躲过反对组织的攻击，但是她没有选择像阿哈德娅一样消失。在罗比娜的心中，她依旧记得儿时对自由的渴望，同时她也相信，具有同样渴望的女性，并不止她一个人。所以，明知道每天等待她的是随时失去生命的危险，但罗比娜仍旧没有放弃训练。对她而言，能否在北京奥运会上取得成绩并不重要了，重要的是，自己能否安然无恙地出现在北京奥运会的赛场上。

在赛场上奔跑的“头巾”

2008年的8月16日，身着运动短袖T恤、运动长裤，裹着头巾的罗比娜出现在了北京奥运会的跑道上。看着崭新的橡胶跑道，罗比娜难掩内心的激动，这是她做梦都想要在上面奔跑的跑道，而现在梦想终于照进了现实。为了这一天，或者说为了这短短的几十分钟，罗比娜花了很多心思准备，她想让全世界记住她这个来自阿富汗的女运动员，为此，她化了淡淡的妆，涂了指甲油，看起来十分清丽。

裁判的哨声一响，罗比娜就冲了出去。但是她的跑姿看起来更像一个业余的选手，在跑了大约 60 米后，罗比娜的脚步就迈不开了。面对剩下的 40 米冲刺距离，罗比娜几乎是憋着气，踉踉跄跄地跑到了终点。用时 14 秒 80，此时，第一个到达终点的运动员，甚至已经一脚踏进了休息室。14 秒 80，是当天 85 名女子短跑运动员中的最后一名。罗比娜成了北京奥运会上，跑得最慢的选手。

就在罗比娜到达终点的时候，整个“鸟巢”回荡起热烈的掌声。大家热情地表示出对这个来自阿富汗短跑选手的欢迎，这些掌声是为她的奥运精神而响起，是为了她不畏强权争取自由的勇气而响起，也是为她的顽强拼搏而响起。

赛后，罗比娜接受记者的访问时，她仍不忘表达自己对国家的热爱。是啊，如果不是深入骨髓的热爱，又怎么能够有勇气出现在赛场上呢？她的出现，本身就是一种伟大的胜利。

这一次，罗比娜的努力没有白费。原本对体育漠不关心的阿富汗，因此加大了对体育的关注力度，更多的民众开始参与到体育运动中来，尤其是以前不被提倡的女性体育运动，也渐渐被人们接受。最令罗比娜感到欣慰的是，一个阿富汗的工程师哈利姆在接受《国际先驱导报》采访时说：“我很关心罗比娜在鸟巢的比赛，我和大女儿专门在网上观看的，因为我们电视台没有权利转播奥运会，女儿说罗比娜是个了不起的人。我觉得罗比娜是个勇敢的姑娘，我们能想到她和她的家庭为了参加奥运会承受了多少污言秽语和异样的眼光，她为女性们带了好头。我们由衷地佩服她！”

人们观念的改变，大大提升了阿富汗女性的地位。阿富汗的首都喀布尔还为女性们专门开设了“女性体育俱乐部”，罗比娜不远万里、排除险难参加奥运会，终于为阿富汗的妇女开辟了一条道路。她虽然没有赢得奥运奖牌，但却收获了全球人的掌声和尊敬。

陈一冰点评

很久很久以前，在奥运会的赛场上，只有男性的身影。到了现代奥运会，才被人提出，女性也应该参与到奥运当中来，但还是有很多人认为，女性的身体状况注定她们无法完成“更高、更快、更强”的奥运口号。但是，事实证明女性在体育运动中毫不逊色。甚至有时候，在很多项目上，女性要比男性更加有优势。比如艺术体操，这项比赛在奥运赛场上，只有女子项目，却没有男子项目，因为只有女性运动员才能将艺术体操的柔美与力量完美地结合在一起。

罗比娜的故事，让我感觉到了我们是何等地幸运。与罗比娜相比，我们还有优良的受教育环境，还有谆谆教诲我们的老师，我们可以在操场上尽情地玩耍，可以去做任何我们想做的事情。和罗比娜有相同遭遇的短跑女性选手还有来自伊拉克的达娜。她们能同时在北京奥运会出现，进一步证实了奥林匹克精神的魅力。

作为伊拉克奥运代表团唯一的女运动员，达娜并没有将拿金牌作为自己的目标，她只求能够在奥运会上亮相，因为她认为只有“体育精神才能令全国人民团结起来”。因此，面对重重阻挠，达娜也同样没有放弃。她穿着一双二手的跑鞋，冒着枪林弹雨，每天都在破败不堪的运动场上训练。

也因此，达娜得到了全世界的关注，她被美国《时代》杂志列入北京奥运会上最值得期待的 100 名运动员之一。然而，就在达娜全身心备战北京奥运会的时候，却被告知她不能参加奥运会了。得知这个消息的达娜放声大哭，教练安慰她说还可以参加 2012 年的伦敦奥运会，但是机会对于这个年轻的姑娘来说却不一定每次都有，因为她也不确定自己是否能活到那个时候，她的遭遇几乎和罗比娜一样，甚至更加残酷。

但所幸的是，达娜最终还是参加了北京奥运会，并在奥运会上，收到了中国观众给予的礼物——一双崭新的运动鞋。在换上新运动鞋时，达娜的眼泪再也忍不住了，这是激动的泪水，也是感动的泪水，这泪水再一次打动了全世界人的心。

正因为有了像罗比娜和达娜这样的崇尚自由和奥运精神的女性的坚持参与，这种公平竞争的奥运精神，才更为弥足珍贵。它不分男、女、老、少，不分运动员水平高低，它面向全人类，包括一切运动和竞技项目，旨在人人参与。可以说，正是因为有无数个“罗比娜”的存在，才让我们更加真切地感悟到“同一个世界，同一个梦想”所诠释的真谛！

小贴士
TIPS

服装在短跑比赛中的重要性

在短跑比赛中获胜，依靠的是速度，除运动员本身的技能之外，还有很多影响比赛成绩的因素，比如：服装。我们看到，在运动会上，大部分跑步选手都穿着紧身的短裤和背心，这可不是因为他们怕热哦，而是因为这样才能减少阻力，令自己的速度更快。

古代，女子为什么不能参加奥运会

在古代奥运会中，女性是不能参加的，甚至连观看的权利都没有。为什么呢？因为参加奥运会的运动员们都是光着身体比赛的，所以这个时候女性就不便露面了。随着时代的进步，人们开始穿着衣服比赛，不过人们的观念却没有改变，依旧不愿意让女性参加奥运会，不过倒是可以由女性给男运动员们颁个奖，送个花之类的。

到了现代奥运会，其创始人顾拜旦也认为女性不应该出现在奥运会上，所以才导致了一些人的思想顽固不化，不允许女性出现在奥运会上。

马拉松故事

和冠军一样的奖杯

为送信，跑了 4 个小时

这个故事的主人公名字叫作多兰多·皮特里，在他参加 1908 年的伦敦奥运会时，与会人员竟然将他的名字写反了，不过这并不妨碍人们记住他，这个个子只有 1.5 米的意大利人，却成为马拉松赛场上的巨人。

多兰多出生在意大利，小时候他最喜欢的运动是骑自行车，并希望有朝一日自己能够成为一名自行车运动员。但是一次偶然的机会，让多兰多接触到了长跑，从此他便爱上了长跑。那还是他在一家糖果店做学徒工时发生的事情。

一天，糖果店的老板拿着一封信给多兰多，让他将这封信送出去。糖果店门口这条街走到头，再拐个弯，就有一个邮筒，正常情况下走路十几分钟就回来了。但是多兰多这一去，就是 4 个小时，急得糖果店的老板团团转，生怕多兰多出了什么意外。就在糖果店老板决定出去找他时，多兰多却满身是土地出现在店门口，并且上气不接下气地对老板说："老板，我整整跑了 50 公里，才帮你把信送到。"

听了多兰多的话，老板真是哭笑不得。虽然这趟"邮差"之行让多兰多跑了不少的"冤枉路"，但是却让他燃起了对长跑的热情。1904 年，意大利的长跑冠军佩利克里在参加 10 公里跑步的时候，经过多兰多所在的糖果店门口，多兰多和大家一样都站在门口围观，但是他竟看着看着入了神，一把将系在身上的围裙扯掉，跟着佩利克里跑了起来。

那天观看佩利克里比赛的人们都注意到了他身边的小个子，人们纷纷猜测这个小个子的来头，他到底是谁？竟然能够跟在冠军的身后跑完了全程。他的样子看起来可不像个运动员，更像是某个店里面的小伙计。

然而，没过多久，多兰多就再次出现在了人们的视线中，他参加了10月份举行的博洛尼亚3公里跑步比赛，并取得了第二名的好成绩。一时间，多兰多成了当地的红人，人们都记住了他。“出名”让多兰多有些意外，却坚定了他做运动员的信心，只是这一次他想做的，是一名田径运动员。

很快，多兰多的梦想照进了现实，他成了一名职业的长跑选手，并在 1905 年在巴黎举办的 30 公里赛跑中首次获得了冠军。紧接着多兰多获得了 1906 年届间奥运会马拉松比赛的参赛资格，但不幸的是在正式比赛的时候，他因为剧烈的胃痛，不得不放弃了比赛。为此，多兰多难过了很久。

对手喝“醉”了

两年后，伦敦奥运会开始了。

当时英国为这场马拉松比赛寻找了一个赞助商，这个赞助商是一个饮料生产厂的老板，不但有钱，而且为人也十分大方。他不仅在比赛的沿途设置了许多供水点，还在供水点准备了各种各样的饮料，除此之外，还额外准备了一些布丁、香蕉、葡萄干、牛奶等食品，甚至还放上了香槟，以供运动员们跑累了食用。仅仅是食物的准备，就让这场马拉松比赛充满了“诱人”的味道。

然而，还不仅仅是有好吃的食物。因为奥运会举办的时候，气温在26℃左右。对于夏天的高温来说，这个温度并不算什么。但是对于冷习惯了的伦敦人而言，这个温度简直要热得让他们受不了，那么跑步时出汗就是避免不了的。赞助商自然也想到了这一点，所以他还为选手们准备了许多海绵块，用来降温。可别小看这些海绵块，它们可是蘸满了科隆香水的。所以，每当运动员用它擦汗的时候，空气中就会弥漫着阵阵香气。

又是美食，又是香水，这届马拉松比赛，可以称得上是“史上最舒服”的比赛了。多兰多就参与其中。在开始的前半程中，多兰多一直以不紧不慢的速度跑着，这个节奏让他很轻松。大约跑到30公里的时候，就有很多运动员因为受不了劳累而选择退出了比赛。还有的运动员开始不由自主地放慢了脚步。而一直保持匀速的多兰多此时显出了优势，他渐渐超越了其他选手，与跑在第一的南非选手海福伦仅差三分钟。如果多兰多加快脚步，说不定很快就能够超过海福伦。可是还没等多兰多发起“进攻”，海福伦自己就倒下了。

别误会，海福伦不是累倒的，而是“醉”倒的。原来，在海福伦经过供水点时，他禁不住香槟的诱惑，喝了一杯香槟酒。就是这杯香槟酒，让他在跑的过程中，忽然手脚抽筋晕了过去。

多么可惜呀！多兰多还没费吹灰之力，就成了第一名。不单单是场外的观众，就连多兰多自己都兴奋不已。观众们极具煽动性的助威声，竟让多兰多一时头脑发热，像中跑运动员一样，开始疯狂地加速。而这带来的直接后果就是，他的体力在短时间内被消耗殆尽。很快，多兰多就有些跑不动了，但是他没有停下，继续向前跑着，只不过此时他的双脚已经不受大脑的指挥了，完全是一种“惯性”在支使着他向前。

就差最后的 15 米

终于，多兰多一脚踏进了体育场的大门。全场的观众立刻疯狂地欢呼起来，那声音就像海啸一般，向多兰多涌来。只是此时的多兰多已经听不见了，只见他步履蹒跚、精疲力竭，似乎已经有些神志不清了，因为他正在左顾右盼，似乎不知道自己身在何方。之后，他竟然朝着与终点相反的另一个方向跑了过去。

会场上的工作人员立刻上前拦下了他，并将他的身子扭转过来，告诉他正确的方向。但是多兰多并没有因此而清醒过来，他还是一副迷迷糊糊的样子，而且脚步也越来越沉重。为了让多兰多再加把劲儿，很多运动员和工作人员，还有观众们都跟着他一起跑了起来，并且不断地鼓励他："加油啊！小伙子，胜利就在你眼前了！"

可是对于已经快要累死的多兰多而言，再鼓舞人心的话语，此刻都无法像一针"强心剂"一般注入他的身体了。忽然他眼前一黑，然后在众目睽睽之下，身体缓缓地倒在了地上。几秒钟后，他似乎恢复了一些意识，于是吃力地从地上爬了起来，试图向前走几步。这一举动，令原本十分担忧的观众们，再次发出了海啸般的欢呼声。然而很快，多兰多再次倒在了地上。他第二次爬起来，接着再倒下，再站起，再倒下……

如此几次后，多兰多再也站不起来了。人们都围在他的身边，有人在鼓励他，有人在用香喷喷的海绵给他擦拭身子，还有人请求工作人员帮帮他，当然也有比较清醒的人提醒大家，千万不能帮他，否则会毁了他。人们一时间不知道该如何是好，这个小个子简直太可怜了，他的头发因为沾满了尘土都变白了，他白色的运动衣已经看不出原本的色彩了，更可怕的是，他的呼吸越来越微弱……

就在大家都拿不定主意要不要帮助多兰多时，体育场的另一边再次热闹起来，跑在多兰多后面的美国选手约翰·海斯跑进了体育场。虽然约翰看起来也不怎么样，但至少他还保持着清醒的头脑和正常的步伐。几乎是一瞬间，田径项目的负责人杰克·安德鲁跑到了多兰多的身边，将多兰多从地上扶了起来，然后用胳膊架着他通过了不远处的终点。

见到此景的观众们，立刻爆发出震耳欲聋的掌声，就连坐在包厢里的王后也忍不住站了起来，激动地鼓着掌。

不一会儿，体育场上空就升起了意大利的国旗，奏起了意大利的国歌。这个结果让排在第二名的约翰·海斯很不服气，多兰多是被人扶着才通过终点的，而在比赛中是不能够接受别人的帮助的。这一抗议通过了大会的审议，多兰多的成绩被取消了，约翰·海斯获得了冠军。

目睹事件整个过程的王后很为多兰多感到可惜，因为多兰多最后倒下去的那一次，距离终点仅仅 15 米，就是这 15 米，让多兰多失去了冠军的称号。于是王后决定在第二天额外为多兰多颁发一座奖杯，一座和冠军一模一样的奖杯。

陈一冰点评

1908年4月，奥运之父顾拜旦在伦敦圣保罗大教堂参加一个仪式时，教主彼得针对奥运会说了这样一句话：“奥运会重要的不是胜利，而是参与。”这句话令顾拜旦深受感动。后来，他把这句话更改为：“奥运会最主要的意义在于参加而非获胜，正如人生的真谛，不是在于征服他人，而在于自我的努力及奋斗。”简而言之，就是重在参与。

这句话简直与多兰多的际遇不谋而合，仿佛就在说他一般。与夺取胜利的荣誉相比，顽强进取和拼搏的参与精神更接近奥林匹克运动的本质。赛后，多兰多说：“我不是奥运会马拉松比赛的获胜者，但正如英国人所说，我输了比赛，却赢得了荣耀！”输了比赛，证明了奥运会的公正严明，不会因为谁值得同情、怜悯，就给他额外的关照。赢得了荣誉，又证明了奥运会对每一个奋力拼搏的运动员的尊重与赞赏。

虽然我不是一名田径选手，但是从很小的时候，我就知道了多兰多的故事，以后我也会将他的故事讲给我的女儿听。让她知道，在这个世界上，不是所有的花朵都会结出丰硕的果实，也不是所有的播种都会有金色的收获，但是花朵只要努力去盛开，就会留下片刻芬芳，种子只要努力生长，就能够钻出地面迎接光芒。所以，不要为了结果去努力，要为了过程去拼搏。

虽然我成为运动员后，一直把拿金牌作为自己的目标，但是却从来没有将拿金牌作为自己的人生信仰。因为对于努力拼搏的人而言，一块金牌能够代表的东西实在太少了，有时候金牌对于我而言，不过是一个符号而已。我之所以渴望得到它，很大程度上是希望用金牌来激励自己，让自己永不停步，继续前进。

小贴士
TIPS

为什么是奖杯，而不是金牌呢？

这个问题就要从第一届现代奥运会说起了。举办第一届现代奥运会的时候，国际奥委会才刚刚创立，所以对制作金牌这件事情也不是很在行，所以对奖牌并没有进行严格的规定。而当时举办奥运会的东道主希腊，觉得金子过于俗气，就只设置了银、铜两种奖牌，授予冠军的时候，授予的是银牌和橄榄环，授予亚军的是铜牌和月桂花冠，而季军只有一枚铜牌。此后的每一届奥运会奖牌具体什么样子，就要看东道主的“心情”了。直到 1928 年第九届奥运会，奖牌的样子，才正式得到统一。

关于马拉松的供水点

通常情况下，在正规的马拉松比赛中，每隔 5 公里就会有一个饮水点。有的时候这个饮水点只提供水，但如果碰到了“土豪”赞助商，那提供的东西就多了。比如：饮料、香蕉、葡萄干、橙子等补给。有的时候，组委会也会因为体恤运动员，在 5 公里的中间地带，设置一个简单的只提供水的供水点。所以，对于在比赛中掌握着优势的选手而言，停下来喝点饮料，吃点水果，也不是不可以的哦。

* 第二部分

尊重对手，就是尊重自己

如果，这个世界上有一个人，

他比你自己更了解你；

如果，这个世界上有一个人，

他比你自己更懂你，

那这个人不是别人，

他就是你的对手！

滑雪故事

将滑板送给对手

任何人都会做的事情

2014 年冬奥会，在俄罗斯的索契举行。

在这片冰雪王国中，有一个人的脸上仿佛结了霜般难看，这个人就是加拿大队的教练贾斯汀·沃兹沃斯。他之所以心情不佳，是因为在越野滑雪比赛中，他的运动员们的表现差强人意，在预赛中就被淘汰了。

看着一个个从雪道上飞驰而过的运动员，沃兹沃斯陷入了沉思中，是运动员们不够努力吗？还是自己的指导方式有问题？还是其他什么原因？……种种疑团在沃兹沃斯的头脑中旋转，不过现在想这些也为时已晚了，他摇了摇头，试图让自己从无谓的思考中解脱出来。

就在他收拾好自己的装备，准备离开赛场时，一个身影一瘸一拐地闯进了他的视线。

只见眼前这个运动员，滑雪服上、帽子上、散落下来的头发上，都沾着不少雪迹；再看看他的脚上，缠着一个支离破碎的滑雪板。此时，他正在滑道上举步维艰，那样子看起来狼狈极了，在场的人都看着他张大了嘴巴。

看来他是摔倒了，而且摔得还不轻，不然那么结实的滑雪板怎么能摔断呢！运动员们也不容易，有时候为了取得成绩，甚至都是冒着生命的危险参赛。想到这里，沃兹沃斯动了恻隐之心。此刻那个运动员还在滑道上前进，只是他不是在滑行，他的滑板已经没办法使用了，他是在走，一脚拖着笨重的滑板，一脚拖着那个折断了的滑板，他这个样子不要说走上颁奖台，能否走到终点都是个问题。况且对于一个滑雪运动员而言，拖着一个断滑板走到终点，多少有失尊严。

想到这里，沃兹沃斯拿起自己身边本来为自己的选手准备的滑雪板，走到了这名选手身边。

“嗨，小伙子，我想你需要它。”说着，沃兹沃斯扬了扬手中的滑雪板。

看到崭新的滑雪板，这个狼狈的选手眼睛里立刻绽放出光芒，连忙说道：“谢谢您，我永远不会忘记您的帮助。我叫加法罗夫，是一名俄罗斯选手。”

此时，沃兹沃斯已经帮加法罗夫将新的滑雪板换上了，并且用力帮他将滑雪板绑紧。在确认无误后，沃兹沃斯站了起来，拍了拍加法罗夫的肩膀，笑着对他说：“加法罗夫，加油！”说完，沃兹沃斯就拎起他的装备，离开了跑道。

加法罗夫看着沃兹沃斯越来越远的背影，转过身拼尽全力向前方的终点冲去。终于，他完成了比赛，但是却比第三名落后了三分钟。如果不是摔那一跤，如果滑雪板没有摔断，或许加法罗夫也能成为一名奖牌获得者。比赛结束后，加法罗夫到处寻找沃兹沃斯的身影，但是却一无所获。

回击质疑的声音

所幸的是，记者的摄像头没有错过这一幕。沃兹沃斯帮助加法罗夫的情景，被镜头全部记录了下来。面对别人的赞誉，沃兹沃斯显得有些意外，他认为自己只是做了一件所有人都会做的事情，况且当时自己身边正好有一副多余的滑雪板和滑雪杆，他送给加法罗夫只是为了给加法罗夫一些尊严，不然他就只能走着到终点了。

当然，除了赞誉声，也出现了一些不和谐的声音。有人说，沃兹沃斯之所以这样做，那是因为加拿大的选手已经提前出局了。如果加拿大的选手依旧在赛场上，那么沃兹沃斯可能会做出相反的选择，毕竟没有人会愿意将对手送上领奖台。

对于这些心胸狭隘的人，我们只能用有力的现实去回击他们。

这件事发生在 2006 年的都灵冬奥会上。在激烈的竞争中，加拿大的选手蕾娜因为用力过猛，不小心折断了滑雪杆。一个滑雪运动员，没有了滑雪杆，那她该如何前进呢？瞬间，蕾娜的心情跌到了谷底，她想起自己在赛前的豪言壮语，再看看自己现在的处境，她有些欲哭无泪。就在她不知道该如何是好的时候，一个身影走到了她的身边，是挪威的教练哈肯司莫恩。

哈肯司莫恩给了蕾娜一根滑雪杆，然后还对她说了声

“加油”。这几乎让蕾娜感动得热泪盈眶，但是她顾不得说太多感谢的话，拿着这根新的滑雪杆立刻向前冲去。最终，蕾娜凭借着哈肯司莫恩给她的滑雪杆，一举冲进了前三名，获得了一枚银牌。

而获得第四名的选手是一名挪威选手。而这名运动员的教练，恰恰就是送给蕾娜滑雪杆的哈肯司莫恩。也就是说，哈肯司莫恩的善意之举，将对手送上了领奖台。如果他当初没有帮助蕾娜，那么挪威的运动员就能够获得一枚奖牌了。

事后，人们都在问哈肯司莫恩，是否后悔将滑雪杆送给蕾娜。哈肯司莫恩对这样的问题不屑一顾，他认为参加运动会，就应该秉承公平竞争的精神，用争取的方式去赢得比赛，而不是用滑雪杆来超越对手。如果为了让自己的选手获得奖牌，就对蕾娜的困难视而不见，那么即便自己的国家赢得了胜利又能怎样，这种胜利是建立在不公平之上的竞争，还能算胜利吗？

陈一冰点评

冬奥会虽然是在寒冷的冬季举行，但是这股浓浓的“人情味儿”，让这寒冷里有了一丝春天般的温暖。两位教练员无私的奉献，向我们展示了什么才是真正的爱国行为，他们代表着自己的国家到别的国家参赛，虽然在比赛中没有赢得奖牌，但是却让奥林匹克精神征服了所有人，让我们看到奖牌不过是锦上添花，精神才是恒久不变的主题。

对手，是我们需要打败的对象，也是需要我们尊重的对象。就拿狼和羊来说吧，它们是天生的敌人，但是却又离不开彼此。羊为了不成为狼的“盘中餐”，只能不断地让自己跑得更快，这样才能躲得过狼的追捕。换言之，如果没有狼的存在，羊还需要跑吗？它的一生不是要在吃了睡，睡了吃中荒废掉吗？同样的道理，在我们人的身上一样适用。如果没有更优秀的同学始终站在自己前面，那么谁来激励我们不断进步呢？

所以任何人的一生，无论何时都离不开对手。对手不是我们的敌人，他是我们学习的对象，但不是比较的对象。我经常说，不要跟别人比，因为你有你的优势，别人有别人的优势，如果你总拿自己的弱势去比较别人的优势，时间一长，势必就会导致心理上的失衡。这样就会将对手视为敌人，而谁会去尊重自己的敌人呢?

对待对手，最正确的做法就是取长补短。在体操队的时候，我们经常会去欧洲进行技术交流，与欧洲的体操运动员分享彼此的训练录像，分析对手的动作难度，并时刻关注对手的信息。这个过程让我不停地提醒自己，一定要一次比一次做得更好，这样才能成为对手学习的对象，而不是被对手打败的对象。因此，我们应该感谢自己的对手，正是因为有对手的存在，我们才能不断地充实自己，让自己变得更加优秀。

小贴士
TIPS

在雪地上停留千万不要超过一秒

其实在滑雪时，运动员们并不是在雪上滑行哦。因为白雪内有很多的小孔，小孔中又充满了空气。当运动员踩着滑雪板站在雪地上时，白雪里的空气就会排出，在白雪上面与滑雪板之间形成一层“气垫”，这个“气垫”不但能够将滑雪板托起，还能大大减少滑雪板与白雪之间的摩擦力。但是，只要滑雪者在雪地上停留的时间超过一秒，就会陷下去。

滑雪运动员的基本装备

滑雪运动员所需要的装备可真不少哦。

在服装上，需要手套、滑雪服、头盔或帽子、护脸、抓绒内衣、滑雪袜等。在装备上，需要雪杖、雪板、雪鞋、护具（护膝、护臀、护肘、护腕、护甲等）等。

跳远故事

跨越傲慢与偏见

比赛背后是两个国家的较量

1936 年的奥运会，在一个非常时期举行，此时德国在世界上的势力最为强盛，他们的领导人希特勒想要借着这次奥运会向全世界人宣示德国人的优越。所以，在比赛开始前，希特勒就找到了德国的王牌跳远选手——鲁兹·朗，他要求鲁兹·朗一定要取得本届奥运会跳远比赛的冠军。因为在跳远比赛中，有一个美国选手会参加，而这个美国人实力非凡，所以赢了他，就是给美国一个“下马威”，谁让在上一次世界大战中美国要与德国敌对呢！

听到国家最高领导人的命令，鲁兹·朗除了点头，别无他选。再加上抛开两国的恩怨不说，有哪个运动员不想在运动会上夺冠呢！

为了避免鲁兹·朗把自己的话当作“耳边风”，在比赛那天，希特勒亲自来到了比赛现场，监督着鲁兹·朗比赛。在预赛中，鲁兹·朗的表现十分精彩，赢得了满堂喝彩。但是美国来的那个名叫欧文斯的黑人小伙子，可表现得不怎么样。

只见欧文斯有些紧张地站在助跑道上，上一跳他因为越过了跳板而犯规。这一次，为了保险起见，欧文斯特地向后挪了几步，然后才开始助跑，在跳板后就开始起跳，结果这一次没有犯规，但是却跳出了一个前所未有的坏成绩。欧文斯郁闷极了，其实预赛对他而言并不难，只要他跳出的距离别比他最好的成绩少半米，他就能顺利进入决赛。可不知道为什么，每一跳不是犯规，就是成绩如此之差。欧文斯垂头丧气地回到起点，反复助跑了多次，他都不敢进行那最后一跃。万一这一次再跳不好，他就失去进入决赛的资格了。

“呵，这样的人也配参加奥运会吗？”希特勒看着赛场上欧文斯的身影，不屑地笑着说，对于自己国家的选手赢得金牌，希特勒几乎不存在任何怀疑了，“接下来的比赛，也不需要看下去了”，说完，希特勒轻蔑地看了欧文斯一眼，迈着大步离开了。

这一切，也被一直站在赛场另一边的鲁兹·朗看在眼里，他有些为欧文斯惋惜，这个小伙子应该是一名非常优秀的选手，但是他却太紧张了，这样下去，他连进入决赛的资格都没有，更不要说获得奖牌了。

就在鲁兹·朗为欧文斯担忧的时候，他看到希特勒离开的背影。于是他快步走到了欧文斯的身边，用不太流利的英语介绍了自己。实际上，即使鲁兹·朗不介绍自己，欧文斯也认识他，这样大名鼎鼎的运动员谁人不识呢！

杰西·欧文斯！鲁兹·朗！

欧文斯原本很紧张的神经，在看到鲁兹·朗那温和的笑容后，顿时烟消云散了。鲁兹·朗没有再说什么，而是拿下搭在欧文斯肩上的毛巾，然后放在了起跳板后几英寸处。接着他告诉欧文斯一个“秘籍”，那就是从放毛巾的地方起跳，成绩就不会太差了。

面对鲁兹·朗的提示，欧文斯有些摸不着头脑。论比赛，他们是竞争对手；论国家，他们是敌对国。于情于理，鲁兹·朗都没有帮助他的理由，更何况就算是自己国家的运动员遇到这种情况，也不见得会指导自己。那么鲁兹·朗是出于什么目的呢？欧文斯注视着鲁兹·朗，他那湛蓝色的眼睛里，透露着和善的光芒。几乎是一瞬间，欧文斯决定相信眼前这个人。

事实证明鲁兹·朗是真心想要帮助欧文斯，因为用了鲁兹·朗的方法后，欧文斯几乎打破了奥运会跳远比赛的纪录。就是这最后一跃，也让欧文斯进入了决赛，成为鲁兹·朗最强劲的金牌竞争对手。

决赛那天，希特勒早早就来到了赛场内，他是来看德国选手拿金牌的。然而，他却看到了一个他不想看到的身影——欧文斯。欧文斯的出现让希特勒很是吃惊，这个小子不是应该早就被淘汰掉了吗？

让希特勒没想到的是，让他吃惊的还在后面。

比赛开始了，鲁兹·朗的表现十分出色，打破了世界纪录。但是在他后面出场的欧文斯比他还出色，竟然跳出了惊人的8.06米，这在当时足以让世人震惊，而他所用的方法，就是鲁兹·朗传授给他的“秘籍”。这个“秘籍”让欧文斯以微弱的优势，战胜了鲁兹·朗，赢得了金牌。

看到这一幕的希特勒简直气得七窍生烟,他的脸色铁青，恨不得立刻拿出枪将不听话的鲁兹·朗送上“断头台”。鲁兹·朗似乎很不知道“死活”，他不但帮助了欧文斯，还在欧文斯打破纪录后，拉着他的手来到了聚集了 12 万德国观众的看台前，一边将欧文斯的手高高举起，一边高声喊着:“杰西·欧文斯！杰西·欧文斯！杰西·欧文斯！……”但是，看台上却是死一般的寂静，因为他们还没有习惯为一个黑人选手鼓掌呐喊。

但是这段尴尬的寂静过后，忽然就爆发出排山倒海的喊声，他们喊的也是“杰西·欧文斯”！杰西·欧文斯被眼前的一幕惊呆了，他无法诉说自己内心的感受，他只知道他想要感谢他的对手——鲁兹·朗。

于是，当观众们寂静下来后，欧文斯也举起了鲁兹·朗的手臂，用尽全身的力气喊道:“鲁兹·朗！鲁兹·朗！鲁兹·朗！……”紧接着，观众席上也爆发出同样的声音，甚至有人因为这个场面而流下了感动的泪水。

陈一冰点评

每一个成功者都具有高尚的思想境界，他们善良、谦虚、宽容、关心别人，这些品质为他们赢得了更多的荣誉和尊敬。鲁兹·朗与杰西·欧文斯握手的那一幕，堪称奥运会历史上最经典的时刻。鲁兹·朗能够在枪口下去鼓励和指导竞争对手，这就是体育精神的体现，它已经跨越了国籍、跨越了种族。

作为运动员，我更能体会那种想要战胜对手的心理，但是同时我也能体会到相比于战胜而言，我们能够在“地球村”这个大家庭中平等交流，互相尊重是多么的重要。

我曾听到过这样一个故事，一个衣衫褴褛的推销员，站在纽约的街头推销铅笔。一个十分有名的商人经过，他觉得这个推销员很可怜，就拿出一元钱给了那个推销员，便离开了。但是没过多一会儿，这个商人又返了回来，他从推销员手中拿了几根铅笔，并对推销员说：“我差点忘了我们都是商人，你还有东西要卖。”相隔数月后，商人又遇见了这个推销员，只是推销员已经成为推销商，他十分感激这个商人，因为是这个商人让他找到了自尊。

这就是尊重，不管对方是谁，身份如何，都应该去尊重对方。鲁兹·朗做到了，在高压之下，他并没有因为杰西·欧文斯的身份而轻视他，不但尊重他，还帮助了他。

从另一个方面说，鲁兹·朗将自己的秘诀传授给杰西·欧文斯，他把对手培养得比自己还强大，这是种无私，也是一种自我激励。因为有更优秀的选手存在，所以鲁兹·朗自己才不敢放松半步，以更高的标准来要求自己。

所以，当我们在学习上或是其他方面遇到了强有力的对手时，千万不要吝啬自己的能力。如果对方需要，就全部教给他，相信你不但不会因此而落后，反而还会获得更多向前的动力。我时常会跟队里那些年龄较小的运动员们交流，将自己的训练心得分享给他们。我发现，每次我跟他们讲述自己的经验与教训时，总能总结出一些新的心得来。这也许就是所谓的“温故而知新”吧。

小贴士
TIPS

国家领导人也会观看运动会吗？

当然会啦！但并不是每一届的奥运会领导人都会亲临观看的，毕竟国家领导人是很忙的。通常，国家领导人只是在开幕式和闭幕式上出现。在接下来的比赛中，他们会根据自己的时间和喜好有选择性地观看。有时候看到精彩之处，国家领导人也会为奥运健儿们鼓掌助威哦。

手持哑铃来跳远

跳远这个项目可以称得上是一项古老的运动了，早在古代奥运会就存在了。但是在古代奥运会中的跳远，可与现在的跳远形式不同哦。在古代奥运会中，运动员跳远时，会双手各持一个哑铃。因为这样可以在起跳时，利用哑铃的重量，给身体产生推动力，使运动员跳得更远。

花剑故事

势均力敌才叫比赛

现实中的“佐罗”

提起击剑，立即出现在我们眼前的，就是穿着一身黑色的披风，骑着一匹高头骏马，手中持一把长剑的“佐罗”。其实在现实生活中，也有“佐罗”哦，出现在赛场上的他们剑锋互指，四目相对，剑锋所落之处，火花四溅。

一直以来，击剑比赛都是欧洲国家的运动员比较擅长的项目。直到 2000 年的悉尼奥运会上，三名来自中国的“剑客”站在击剑决赛的赛场上，并差一点摘得男子花剑的桂冠，才让世人见识了中国“剑客”的风采。这三名中国“剑客”，就是中国男子花剑组合——叶冲、董兆致和王海滨。人们第一次见到他们的飒爽英姿是在 1994 年，他们三个人第一次出现在雅典国际击剑锦标赛上。

面对着众多剑术高超的欧洲选手，中国“三剑客”没有怯场，他们在心里一遍又一遍地叮嘱自己：“不要紧张，全力以赴！”在这样的心态下，他们一举击败了多位欧洲名将，夺得了男子花剑团体铜牌。这是中国男子花剑团体这么多年来得到的首枚奖牌，因此这一战大大增长了他们的士气。

1996 年，奥运会在亚特兰大举行。距离奥运会开始还有很长一段时间时，他们三人就开始了积极的备战，这一次热血澎湃的三人发誓要将金牌带回祖国。来到亚特兰大后，人生地不熟的他们一切都要靠翻译帮忙，就连比赛时间都需要通过翻译才能得知。上天似乎有意要和他们作对一般，这个翻译人是不错，就是有点“马虎”，比赛时间调整了这么重要的事情，他竟然忘了通知他们。导致他们三人在比赛开始了很久后，才火急火燎地冲进了比赛场地。还好他们没有错过比赛，但是因为时间过于仓促，他们根本没有时间调整心态，没有时间做赛前准备，所以这一次不但金牌没有拿到，就连铜牌也没能带回祖国。

回到祖国后，他们三人一度非常失落，但是很快他们就调整了过来。人总要向前走，前方还有奥运会等着他们呢，怎么能因为一次的失败，就一蹶不振呢！正是如此豁达的心态，让他们更了解自己，在总结了失败的教训后，他们的剑法很快得到了提升。

终于，四年之后的悉尼奥运会开始了。穿着白色运动衣，戴着头盔，手握长剑的“三剑客”就如归来的战士般，再一次站在了奥运会的赛场上，并顺利地杀进了决赛。

沉默的两分钟

在决赛中，他们三人对战的是法国队，一支无论是在经验上、还是在技术上都十分成熟的队伍。因此，一开始，他们三人就陷入了不利的局面中。第一回合结束后，他们坐在了一起，仔细地分析了对手的战术以及特点，重新调整了战术后，他们终于反败为胜，在比分上略微超过了法国对手。

当董兆致第三次出场的时候，中国队已经以 36：34 的比分领先法国队 2 分了。但就在这时，比赛场的观众席上忽然发出了一片倒抽气的声音，接着就开始议论纷纷，到底发生了什么？

只见法国选手洛塔利埃尔表情痛苦地用手捂着脖子，不一会儿就从他的手指缝里渗出了鲜血，很快血迹就将白色的运动服染红了。比赛被迫中断。在击剑比赛中，选手们被锋利的剑误伤，那是经常有的事，所以在伤势得到控制以后，洛塔利埃尔再次回到了赛场上。只是，颈部的伤口多少会影响他的发挥。然而，董兆致的心里也不好受，正是因为他不小心用剑尖碰到了洛塔利埃尔的后颈，才会导致他受伤，内疚充满了小董的内心。

因此，当裁判员再次发出开始的指令后，董兆致却站在原地持剑不发。这一幕让洛塔利埃尔有点不知所措，他搞不清楚对手玩儿的是什么战术，难道知道他受伤了，准备找准时机将他一招拿下？于是洛塔利埃尔也不敢轻举妄动，只能举着剑，指着董兆致，却迟迟不知该如何出招。

就这样，一分钟过去了。董兆致依旧一动不动，观众席上已经不时传出窃窃私语的声音。两分钟过去了，董兆致依旧没有任何动作。就这样，这一回合的比赛结束了。人们纷纷议论着，有人说，这个中国选手真是笨，这么好的进攻时机却浪费了。但也有人说，终于知道为什么欧洲人会将击剑看作贵族运动了，因为它向人们展示了什么叫作“骑士精神”。

一直在赛场外观战的国际剑联主席勒内罗克说：“虽然击剑在欧洲被看作贵族运动，但并不是每一个爱好击剑的人，都能够拥有董兆致的修养。”原来，董兆致之所以一动不动，他是不想乘人之危，在对手受伤的情况下赢得比赛，那对对手来说是不公平的。

后来这场比赛中国队以一分之差输给法国队，虽然很多人对裁判的判决产生质疑，认为裁判有意偏袒法国队。但是对于比赛结果，中国“三剑客”依旧表现出了超凡的风度，给世人留下了深刻的、难以磨灭的印象。

陈一冰点评

奥运比赛最吸引人的地方就是它的公平、公正和公开，最让人欲罢不能的地方，在于它是一场追求精彩最大值的博弈。对于参赛的双方而言，能够遇到一个伟大的对手，才能成就一个更加伟大的自己。我记得在2007年的世锦赛上，我的对手是一个荷兰选手，这个选手在我前面出场，并发挥得非常出色，取得了前所未有的好成绩，当时站在场下的我，就感到了无比大的压力。但同时，压力也是动力，在那场比赛中，我发挥得也十分出色，拿到了冠军。那场比赛给我留下了深刻的印象。所以，我们不难理解三剑客的做法，作为运动员，他们希望自己对手的水平能够与自己旗鼓相当，若是与自己实力相差悬殊，那么即便是赢了比赛，也没有任何意义。

在这场比赛中，“三剑客”虽然最终未能拿到梦寐以求的奥运金牌，但是他们却拿到了比金牌更加可贵的东西——气度。真正的剑客应该不单是剑法超群，力敌千钧，更应当是优雅从容，风度翩然。如果连作为剑客的气度都失去了，那么无论和谁比赛，无论输赢与否，都不能算是一个真正意义上的剑客。

正如卡夫卡所说:“善待你的对手，方尽显品格的力量和生存的智慧。”

在“三剑客”的身上，我看到了什么叫作“运动家”精神。所谓的运动家精神，就是不再单纯地追求输与赢，而是追求一场绝对公平公正并且精彩绝伦的博弈。就像乒乓球或是羽毛球这样的比赛中，双方选手在发球时，都会向对手示意，不会打对手一个措手不及。他们会为了追求比赛的公平，而刻意营造出公平竞争的氛围。

悉尼奥运会以后，壮志未酬的“三剑客”忍痛惜别剑道，各自走进了不同的领域。但是人虽离开了，心却留在了体坛，因为他们的心中还有未完成的冠军梦。后来，亚运会召开时，他们又出现在了赛场上，但是造化弄人，除在亚运会上斩获了一枚金牌外，在雅典奥运会上，他们依旧没能获得金牌。

我虽然与“三剑客”不在同一个领域，却一直关注着他们的十年论剑生涯，见证了他们的三届奥运和两块金牌，也感受到了他们一腔的热血和满腔的悲情。但是给我印象最深的却是他们手持利剑的绅士风度，绝不在对手受伤时进攻，绝不在实力不均衡的时候取胜。因为对于一个运动员而言，只有势均力敌，才算是真正的比赛。

这么多年过去了，虽然他们已经离开了赛场，甚至有人离开了体坛，但是他们给中国人带来的信心、希望与骄傲是永远都不会更改的事实。

小贴士
TIPS

花剑比赛的相关规则

预备：当裁判员发出比赛开始的指令时，双方队员就要紧急就位了，然后侧身站在赛场内，并用手中的剑指着对手，没有握剑的那只手放在背后。每当赢得一分后，运动员就得重新摆回这个姿势，然后再重新比赛。

得分：只有剑尖清晰准确地刺在对手的有效部位时，才能得分。

平局：如果双方平分，就会加赛一分钟。在这一分钟内，会采用立即将对手“刺死”的方式比赛。

击剑的起源

早在远古时代，人们就使用剑进行捕猎和自卫，以此得以在恶劣的环境中生存。最早的剑是用石头和骨头做成的，后来又用青铜和铁等，直到现代，人们发明了钢材，剑的材质也跟着与时俱进。

起初，剑被人们用在战争中。后来，欧洲决斗盛行，剑也跟着“火”了起来。有人设计了一种剑身为四棱形，长度较短，用皮条包扎剑尖的新型剑，这种剑比较受欢迎，成为花剑的雏形。

直到 1896 年第一届现代奥运会上，剑终于被带进了奥运会赛场，成为比赛的工具。

体操故事

安静的赛场

独门暗器——微笑

在亚特兰大奥运会上，19 岁的涅莫夫初登赛场，就引起了全世界的关注。先不说涅莫夫的技艺如何，光是他那张人见人爱的娃娃脸和芭蕾舞演员一样完美的体型，就足以吸引众人的目光了。再加上俄罗斯传统强项体操队训练出来的技能，他将成为新一代体操运动员中的佼佼者几乎是毋庸置疑的事情。

当时，涅莫夫年仅 19 岁，灵气逼人。在全能赛场上与中国名将李小双展开激烈的角逐，前后五个项目较量下来，竟然难分高低。虽然最后李小双凭借着娴熟的技能和丰富的经验胜利了，但是想到今后自己多了一个如此强劲的对手涅莫夫，李小双还是暗暗地捏了一把汗。

那届奥运会，涅莫夫总共斩获了两枚金牌。当雄姿英发的涅莫夫脸上带着年少得志的腼腆笑容登上领奖台时，人们纷纷被他的笑容感染了。那是怎样一种笑容呢，羞涩却又不失自信，帅气却又不失风度。甚至有人认为，年纪轻轻的涅莫夫能够获得两枚金牌，跟他这笑容是分不开的，因为就算是最严厉的裁判看到他的笑容，都会忍不住手下留情。

接着，在四年后的悉尼奥运会上，涅莫夫获得两枚金牌。当时他 23 岁，正是最好的年华，他脸上少了四年前的羞涩，多了一分成熟和稳定，但唯一不变的，就是涅莫夫那迷人的微笑。此时，“江湖”上纷纷传言，涅莫夫取胜的独门暗器不是别的，就是他那招牌式的微笑。

这两届奥运会，涅莫夫获得了4金2银6铜，共12枚奖牌。他的母校得知这个消息后，为曾经培养出这么优秀的学生而感到自豪，为了让每一个在学校读书的学生都像涅莫夫学习，学校专门制作了一块牌匾，牌匾上写着：陶里亚蒂公民、奥运会四枚金牌获得者安列克谢·涅莫夫曾在此学习。其实，不光是涅莫夫的母校为他感到自豪，全国人民都将他视为骄傲，并亲切地称他为“体操沙皇”。

到了2004年雅典奥运会，28岁的涅莫夫已经结婚生子了。此次是他第三次站上奥运会的赛场，他已经从默默无闻的新人，成为一个无人不识的老将。涅莫夫将这一届奥运会视为自己退役前的最后一场比赛，他打算以最完美的姿态离开。

但不知为何，作为体操强国的俄罗斯，此次的表现有些不尽人意，前几个项目上都未能摘得金牌。这令参加最后一项单杠决赛的涅莫夫感到了莫大的压力，因为所有的厚望都压在了他一个人身上。原本只是想完成自己的一个心愿，却没想到要承载全国人民的希冀。

挥之不去的唏嘘声

比赛开始了，前两个选手比赛完后，就轮到了涅莫夫，他依旧带着那人们早已熟悉的微笑，在杠上完成了一套堪称完美的动作，无论是难度系数，还是优雅程度，都让观看者叹为观止。美中不足的就是在落地时，涅莫夫没有站稳，略向斜前方跨了一小步。但是这丝毫不影响他整套动作给观众们带来的感官享受，因此观众们向他报以经久不断的掌声。

一直站在赛场外观看涅莫夫比赛的队友们，此刻也激动地抱在了一起，他们几乎已经确定，涅莫夫就是今天单杠比赛的金牌得主，不一会儿，俄罗斯的国旗将缓缓在体育馆的上空升起。

等待成绩的时间，总是格外漫长。终于，开始宣布成绩了，但是结果却令所有人大跌眼镜，涅莫夫竟然只得了9.725分。这个分数还不及前两位出场的选手，这显然不是大家心中理想的分数。几乎同时，观众席上的观众们都站了起来，他们无论来自哪个国家，无论大家的手里挥舞着哪个国家的国旗，但是却一齐向裁判发出质疑，唏嘘声几乎响彻整个体育馆。

这唏嘘声总共持续了十多分钟，都没能平息下来。下一个将要进行比赛的选手，已经站在赛场上，却迟迟不敢有所动作。因为在这样的氛围里，根本没办法比赛。这是奥运会举办以来，从未出现过的场面，观众们已经忘记了下面还有选手要比赛，他们只记得涅莫夫刚刚受到了不公正的待遇，所以他们高声喊着涅莫夫的名字，以此来表达对裁判员的强烈抗议。

为了平息观众们的情绪，体育馆内开始飘出柔和的轻音乐，并且在广播中也再三强调分数不能更改，但是这对情绪激动的观众们丝毫不起作用。早已经退场的涅莫夫看着尴尬地站在赛场上的对手，心中不免有些着急，这样下去对手是没办法比赛的。于是涅莫夫再次走上了赛场，他对着观众席上正在呼喊他名字的观众们，深深地鞠了一个躬，以此来感谢他们对自己的喜爱和支持。希望观众们能够就此安静下来，让后面的选手安静地进行比赛。

但是此举只能让观众们觉得裁判员更加可恶，所以叫嚣的声音更大了。不得已，裁判只好重新计分，将原来的成绩勉强变为 9.765 分，只被提高了 0.04 分。这跟没有提高又有什么区别呢？这让涅莫夫的队友们都看不下去了，也纷纷跟着观众们一起叫喊。

就在这场骚动朝着越来越大的趋势发展的时候，涅莫夫缓缓走上了赛场，他的微笑，依然腼腆而内敛。只见他抬起右手，对着观众们做出了一个令人叹服的噤声的手势，这个手势终于令唏嘘声逐渐变小，取而代之的是一片献给涅莫夫的热烈掌声。

比赛终于得以继续进行，接下来的选手们表现虽然不及涅莫夫优秀，但是裁判却给了远远高于涅莫夫的分数。再次引起了观众们的极大不满，呼唤涅莫夫的声音再次响起……

回到休息席的涅莫夫，终于无法控制内心的情绪，坐在椅子上掩面而泣。那眼泪里，有多少委屈，有多少感恩，谁也说不清。但是人们唯一可以确定的是，在这场比赛中，涅莫夫虽然没有挂上金牌，但是谁又能说他不是真正的冠军呢？

陈一冰点评

无独有偶，在 2012 年的伦敦奥运会上，我遭遇了与涅莫夫一模一样的情况。那也是我退役前的最后一次奥运会比赛，在赛前我同样也希望用一块金牌为自己的比赛生涯谢幕。但是当比赛结果公布时，我知道自己的愿望要落空了。或许在四年前退役是最好的结局，但是当时我实在舍不得离开这个“舞台”，于是我又坚持了四年，这四年来的苦和累，比以前要多得多，因为毕竟岁数在那了，而且身上也有很多伤。还好我坚持下来了，虽然最后没能如愿。但是这四年却教会了我一样东西，那就是宠辱不惊，赢得起，也输得起。所以面对结果，虽然心痛，但是我表现得还算坦然。当时的观众们也在为我感到不公。

当时我看着同样尴尬地站在赛场上的对手时，涅莫夫的身影立刻出现在我眼前，于是我做了跟八年前的他一样的选择。并在最后拥抱了我的对手，那个 90 后小伙子，他还年轻，未来的路还很长，我想面对这个局面，他也需要这个拥抱。

也是通过这次比赛，我忽然理解了涅莫夫当时的做法，输了比赛不要紧，不能输了精神。奥林匹克的精神是奥运会的主旨。在这个主旨下，输赢其实只是其中的一种表现形式，如果运动员们有更加高尚的行为，在某种意义上，同样是一种胜利。

一个每次出战奥运都能够斩获金牌的选手，却在即将退役的比赛上，没能拿到金牌，这种遗憾，一辈子都无法弥补了，因为这一生再也没有下次比赛了。涅莫夫虽然没能取得金牌，但是在他离开的时候，他得到的掌声甚至超过了几位获得奖牌的运动员，他是观众心目中真正意义上的冠军。他以职业运动员的奥林匹克精神赢得了世界的尊重，这是一枚更加高尚宝贵的“奥运金牌”。

虽然，“公平竞争”是奥林匹克精神的精髓所在，但是在体育比赛中的不公事件比比皆是，而这些不公的来源，其实是国家之间的利益斗争，可是在大家看来，压力和重担却都落在了运动员的肩上。在这种情况下，即便是遇到了不公的待遇，仍然要保持自己的风度和气量，仍然要为下面即将比赛的选手着想。这才是一个真正的运动员应该做到的事，那就是即便自己遭遇了不公，也不能因此忘掉尊重自己的对手。因为与一块金牌相比，真正宽容豁达的心胸，更加值得人们敬佩。

小贴士
TIPS

运动员们的“秘密武器”

细心的同学会发现，运动员在进行吊环或单杠的比赛时，手上都会佩戴一个皮制的东西。这个东西虽然不起眼，但是它的用途可大了。运动员在吊环、单杠比赛中的很多动作都是靠手来完成的，如果赤手上阵，时间久了，手掌非磨掉一层皮不可。所以就有了这个“秘密武器”的存在。哦，对了。这个“秘密武器”的名字叫作护掌。

运动员的退役年龄

对于运动员的退役年龄，并没有一个明确的规定。有的时候运动员是因为身体受伤，不得不退役，有的时候是因为年纪大了，不得不退役，还有的时候是根据教练的建议。

通常，体操运动员的黄金年龄在 16 到 20 岁，所以他们大部分都会选择在 30 岁左右退役。一来是由于身体状态走下坡路，二来这样也可以把更多的机会留给那些年龄尚小的运动员。

蹦床故事

将金牌送给对手

“蹦床女王”爱飞翔

在一家游乐场门口，一个满头金发的小姑娘拉着妈妈的衣角。

“妈妈，就让我再玩儿一次嘛！”小女孩儿扬着胖嘟嘟的小脸哀求妈妈。

这个下午，她已经这样说了很多次了。最终，女孩儿的妈妈经不住她的苦苦“哀求”，只好点头同意了。

小女孩儿立刻飞奔而去，三下两下，就爬上了不远处的一个蹦蹦床，然后站在上面欢乐地蹦来蹦去。忽然，女孩儿双脚一用力，她被蹦床反弹到了半空中，女孩儿的妈妈在外面看得心惊肉跳，蹦床上面的小女孩儿却因为自己再一次跳出了新高度而雀跃不已。

这个女孩儿就是俄罗斯著名的蹦床运动员——伊琳娜·卡拉瓦耶娃，她被人们亲切地称为“蹦床女王”。

不知道为什么，从小伊琳娜就对蹦蹦床有着特殊的喜好，这项在妈妈看来无比危险的运动，却让她从中找到了不少乐趣，尤其是当自己轻巧的身体被蹦床弹到半空中时，她感觉自己就像一只飞翔的小鸟，那感觉，别提多美妙了。只是，那“飞翔”的感觉有些短暂，只是在空中停留那么一下，自己就会落下来。如果能够在空中多待些时间，那该多好啊！伊琳娜总是忍不住这样想。

有一次，伊琳娜又来到游乐场玩儿蹦蹦床。一次一次地飞起，一次一次地落下，很快，伊琳娜的小鼻尖上就冒出了细密的汗珠，但是她却丝毫不觉得累，反而觉得总是重复一个动作太无趣了，如果能够变点花样出来，那可就有意思了。于是，在下一次起跳后，伊琳娜试图像体操运动员那样，在空中翻个跟头。结果却因为跳起的高度不够，在落下来时，她不是双脚着“地”，而是整个身体重重地趴在了蹦床上。

这一举动可把其他的小朋友给惊着了，有一个好心的小朋友甚至过来提醒伊琳娜，这样做是不对的，那是运动员才可以做的动作。咦？为什么我就不能成为一名运动员呢？小朋友的提醒，忽然敲开了伊琳娜心中的一扇门。

回到家，伊琳娜就对妈妈说了自己的想法，可是这个世界上有蹦床运动员吗？在以往的奥运会中，可没有见过类似的运动呀。但经过多方打听，伊琳娜得到了一个天大的好消息，世界上不但有蹦床这项运动，而且只要伊琳娜想要成为其中一员，她就可以去试试。

就这样，伊琳娜成了一名蹦床运动员。那一年，她刚刚15 岁。

是错误，就得改正

以往，蹦床只是伊琳娜的一个娱乐项目，但是真正成为自己的职业后，伊琳娜才发现任何事情都没有想象中那么简单。因为蹦床要在空中做出各种各样的动作，稍有不慎就会摔伤，所以伊琳娜的身上经常是青一块紫一块的。看着伊琳娜身上的伤痕，妈妈心疼不已。但是伊琳娜却完全不当一回事，这点伤与“飞翔”的感觉相比，又能算得了什么呢?

伊琳娜的努力并没有付诸东流，她一次次地在蹦床比赛中获得傲人的成绩。可惜奥运会项目中没有蹦床比赛，不然自己就可以在全世界人的目光中“自由地飞翔”了。或许是上帝听到了伊琳娜的心声，他也被这个小姑娘的执着所感动。不久后，蹦床项目被正式列入奥运会的比赛项目。

2000 年奥运会，在美丽的城市悉尼举行。在这之前的亚特兰大奥运会中，蹦床项目已经亮过相了。尽管如此，人们仍旧对这个崭新的项目好奇不已。所以，当伊琳娜在蹦床上蹦出七八米的高度，并以优美的身姿做出各种动作时，赛场外爆发出阵阵热烈的掌声。人们纷纷产生一种感觉，那在赛场上“飞”起的不是一个人，而是一只银色的蝴蝶。

结局就如伊琳娜预料的那样，她拿到了第一名。当伊琳娜穿着银白色的运动服，手捧着娇艳的鲜花，满脸笑容地站上领奖台时，她就知道自己书写了历史，她成为奥运会历史上，首个拿到女子蹦床比赛冠军的选手。

奥运会后，伊琳娜又参加了世界蹦床锦标赛。在这次比赛中，来自德国的选手道娜泽成了伊琳娜的主要竞争对手，在动作和难度上，道娜泽的水平几乎与伊琳娜不相上下。或许这一次，自己的金牌不保了。赛后，伊琳娜忐忑不安地想。但结果却大大出乎她的意料，她仍旧是冠军，但是道娜泽的分数却与她的表现完全不符。作为一名参赛无数的选手而言，其实在看完对手的全套动作后，伊琳娜在心里就知道道娜泽最后会得多少分了。但是最后的分数却远远低于伊琳娜的预测。

误判！一定是裁判员进行了误判！这个想法从伊琳娜脑海中出现后，就连她自己也吓了一跳，这或许意味着，自己这个冠军拿得并不是实至名归。场外观众们的反应再次肯定了伊琳娜的想法，大家都在为道娜泽“打抱不平”。

最后，工作人员不得不再次对比赛结果进行复查，结果发现一名裁判在将道娜泽的分数输入电脑时，犯了一个十分低级的错误，那就是输错了分数。如果这个裁判没有输错分数，真正的冠军应该是道娜泽。

但是根据国际体联的竞赛标准，只要是官方已经宣布了结果，就不能被更改，道娜泽尽管很“冤”，但是也只能接受这个现实。当伊琳娜看到道娜泽哭着离开的那一幕时，她就在心里作出了一个勇敢的决定——将金牌还给道娜泽。

于是，在国际体联都不愿意承认错误的情况下，伊琳娜发表了一个声明，伊琳娜称这次的比赛结果是个错误，所以她要以公平竞争的奥运精神，将金牌送还给她的对手——德国蹦床选手道娜泽。

伊琳娜的行为感染了国际体联，随后国际体联也决定为了伊琳娜口中的“公平竞争”更改一次竞赛规则，重新宣布了冠军获得者为道娜泽，而原来的冠军伊琳娜则改为亚军。

虽然在这次比赛中，伊琳娜得到的是一枚银牌，但是她却获得了更多人的尊重。为了表彰她这种真正的奥林匹克精神，国际奥委会还给伊琳娜颁发了“公平竞争奖”，并由主席罗格先生亲自为她颁发。这回这个奖，伊琳娜踏实地接受了，因为这才叫“实至名归”。

陈一冰点评

在漫长的人生中，对手是我们的同行者，也是我们的挑战者。他们或许是有形的，也或许是无形的。他们有的是实际存在的，而有的仅仅是精神上的。二十多年的比赛生涯，让我深切地体会到了，有时候自己愿意站在赛场上，是因为有对手的存在，因为自己想要将对方“打倒”，因为自己想要获得更强的成就感。对手越强，自己的压力也就越大。对手存在的价值，不仅仅是在赛场上激励我们做得更好，同时也在做人方面，成为我们的一面镜子。

在体育界，伊琳娜可以说是一个传奇，这个传奇不仅仅是因为她连续3届取得世锦赛女单蹦床冠军、8次成为世界冠军，还在于她作为运动员所具备的运动精神。在得知真相后，伊琳娜没有责备导致错误产生的裁判，也没有责怪观众的不理解，而是设身处地地为对手着想，并能够真正秉承“公平、公正”的比赛原则，将到手的金牌拱手相让。因为伊琳娜知道，没有真正赢得比赛，没有真正将对手打败，那么即便是赢得了金牌，这个金牌也证明不了什么；反而，还会令自己的对手看轻了自己。

伊琳娜所表现出来的胸怀，不仅是一种人格的修养，还是一种风度的修养，这对青少年而言，就犹如一座取之不尽用之不竭的宝藏。美国著名的历史学家房龙曾说过，宽容就像是一件奢侈品，购买它的人只会是智力非常发达的人，这些人从思想上摆脱了不够开明的同伴们的狭隘偏见，他们能够看到整个人类具有广阔美好的前景。伊琳娜无疑就是这样的人，这种品质是无法用金牌来衡量的。她对对手的尊重，也让她赢得了世界的尊重。

小贴士

TIPS

蹦床比赛的起源

如果我不说，你们一定想不到，我们在奥运会上看到的蹦床，最早是在一间车库中被发明出来的。发明它的人叫乔治·尼森，是一名美国人。刚刚发明出来的时候，蹦床只是作为娱乐设施存在。后来它有了更加高大上的用途，空军和宇航员们发现蹦床还可以帮助他们进行训练，让他们在蹦床体验中，逐渐适应空中的活动。直到第二次世界大战之后，蹦床才走出国门，被带到了欧洲，成了一种新的比赛项目。

一蹦 10 米高

蹦床运动员要在空中做那么多动作，那得蹦多高才行呢？告诉你们一个惊人的数字，那就是 10 米。你们知道 10 米有多高吗？相当于三四层楼房那么高哦！一个优秀的蹦床运动员不但要蹦得高，还要在空中做出各种各样的动作，比如前空翻、后空翻、侧空翻等，更多的时候还要连起来翻呢！

* 第三部分

规则，是比赛不可逾越的网

生活中，不可缺少规则，

因为规则让我们的社会生活更加有条理；

比赛中，同样不可缺少规则，

因为规则是建立公平竞争的基础与保障。

在运动场上，

没人可以逾越于规则之外，

不管是运动员，

还是裁判员。

马拉松故事

赢得了速度，丢失了诚信

搭顺风车的洛兹

在 1904 年第三届奥运会马拉松的颁奖台上，冠军洛兹正在等待着加冕。但出乎意料的一幕却出现了，另一个运动员在先导员与裁判员的陪同下跑进了会场，终止了授奖仪式，这一举动立刻引起了全场哗然。

事情为何会这样，还得从比赛一开始说起。

第三届奥运会的主办城市，在美国芝加哥和圣路易斯两个城市之间争夺起来，最终经过美国总统西奥多 · 罗斯福的裁决，由圣路易斯举办第三届奥运会。然而令人感到不解的是，虽然罗斯福总统支持圣路易斯成为举办地，但是在奥运会开幕式当天，他本人并没有到场，一同缺席的还有国际奥委会主席顾拜旦。这两位“重量级”人物的缺席，似乎注定了这场奥运会的比赛氛围会受到影响，尤其是充满了不确定性的马拉松比赛。

因为在这场马拉松比赛中，有很多“大腕级”的人物，比如之前在美国一场马拉松比赛中夺得冠军的斯普林，第二名的希克斯，还有获得第五名的洛兹，他们几个人被看作这届奥运会马拉松比赛冠军的热门人选。

比赛在一个下午举行，整个赛场就像是一口闷锅，就算一动不动地站在那里，都会汗流浃背。为了给运动员们开道，主办方动用了马队，马队在前面策马奔腾，紧随其后的是裁判、医生和记者的汽车队，马蹄和车轮扬起来的尘土，让跑道上尘土飞扬，运动员之间几乎无法看到彼此。

哨声一响，希克斯和洛兹就遥遥领先，将其他选手甩在后面。当比赛进行到还剩下十五六公里的时候，大部分运动员都感到了不适，因为整个赛程只设置了一个饮水点。本来在运动状态下，人体的水分流失得就快，再加上无法得到及时的水分供给，一直跟在希克斯后面的洛兹有些顶不住了，他感到身体十分不适，头脑发胀、双脚抽筋，每跑一步，都像踩在棉花上一样。

就在洛兹将要倒在地面上时，有一辆汽车从他身边开过。如果能够搭上这辆顺风车，自己就可以从当前的疲惫中解脱出来，说不定还能……这样想着，洛兹立刻扬了扬手。那姿势就像现在我们搭乘出租车一样。车主见状，竟将汽车停了下来，洛兹看了看周围，除了漫天飞扬的尘土，什么也看不见。这也就是说，不会有人看到他搭车。洛兹心中一喜，一脚踏上了车。

虽然汽车很颠簸算不上舒服,但是比起尘土飞扬的跑道,这里简直就是天堂了。洛兹看着车窗外面，一个又一个被汽车超越的对手，他们脸上纠结着痛苦的表情，洛兹有些庆幸自己做了一个正确的选择。

艰难的跋涉

那边洛兹搭上了顺风车扬长而去，这边希克斯等一群选手还在进行艰难的跋涉。队伍中没有了洛兹，跑在第一名的仍然是希克斯，后面紧跟着两名美国选手，他们分别是牛顿和迈勒，而劳顿在稍远的地方跟随着。他们几个，都有可能成为本届奥运会马拉松项目的得奖选手。

此时此刻，他们跑到了全程最艰难的地方，这段赛程总共有七座小土山。运动员们已经极度缺水了，而距离大赛唯一的饮水站还有不近的一段距离。每个人都到了极限期，迈勒只能走着前进，洛顿因为劳累，在路边不停地呕吐，最后只能退出比赛。甚至有一名运动员已经开始吐血了。一路上，他们跟在汽车和马匹后面，吸入了太多的灰尘，所以呼吸系统吃不消了。

但还是有一些运动员坚持跑到了饮水站，然而短暂的水分补充并不能让他们支撑多久，又有运动员断断续续地退出了比赛，有的虽然没有退出，但是却迷了路，最后就只剩下希克斯一个人在前面艰难地跑着。只见他脚步趔趄，每迈出一步，似乎都要用尽全身的力气，他已经精疲力竭了，尽管如此，他还是领先其他选手将近三公里，而当他表示想停下来躺一会儿或休息一下的时候，却被他的助手卢卡斯痛骂了一顿。

虽然卢卡斯不允许希克斯休息，但是并不代表他不关心希克斯。为了让希克斯恢复一点体力，卢卡斯掏出了一些散热的药，并将这些药混在一个鸡蛋清里，然后给希克斯喝了下去。鸡蛋清的味道混合着药味，令希克斯的胃里翻江倒海般难受，所以当卢卡斯又拿出一些牛肉汁给他时，希克斯拒绝了。

终于，距离终点越来越近了，还有不到两公里，希克斯要开始冲刺了，这期间他又服了一次散热的药物。这回是卢卡斯帮助他把药咽下去的，因为他已经连吞咽药物的力气都没有了。为了希克斯做最后的冲刺，卢卡斯还给他灌了一点白兰地。

在这个时候，跟随着运动员的汽车为希克斯提供了温水，让他冲了一个澡。当温热的水从身体上浇过时，希克斯终于感觉清醒了一点，他听到路边的观众大声地问他：“嗨，小伙子，感觉怎么样？”

希克斯嘶哑着嗓子回答：“不怎么样。我快要饿死了，什么时候才能让我吃顿饭呀？”

冒充冠军者的惩罚

就这样，希克斯拖着又饿又极度疲惫的身体，一步一步地向终点跑去的时候，一个身影轻松地超过了他，是洛兹！早已经消失的洛兹又一次出现了，而且体力还十分充沛。希克斯眼睁睁地看着洛兹跑过前面的小土山，然后步履轻盈地再次消失在他的面前。

原本以为只要自己坚持下去，就能成为冠军。却没有想到在这个紧要的关头，洛兹出现了。之前他在哪里？经过了这么久艰难的跋涉，为什么洛兹还能保持如此充沛的体力？谜团一个接着一个向希克斯袭来，他再一次垮了下去。一直跟在希克斯身边的卢克斯不得不再一次往他的嘴里灌药，灌鸡蛋清，灌酒。

比赛已经进入了最后的阶段，再翻过两座小山，希克斯就进入主体育场了。此时的他，已经不是在跑，而是一步一步走着。在主体育场观看马拉松比赛的观众，超过了五千人，他们已经等待了三个多小时，就为了等待第一个跑进体育场的人。

当计时器显示 3 小时 13 分的时候，洛兹迈着轻盈的步伐，跑了进来，观众席上立刻响起了阵阵欢呼声。爱丽斯·罗斯福，美国总统罗斯福的女儿立即走到场地中间，与这位冠军合影留念。整整 15 分钟之后，希克斯才在先导队伍和裁判的陪伴下，跑进了主体育场。与神采奕奕的洛兹相比，希克斯有些狼狈，他全身都被汗水湿透了，还混合着泥土，而且显然他已经耗尽了全身的体力。

接下来，就出现了开头的那一幕。最终，比洛兹晚 15 分钟到达的希克斯成了冠军。而洛兹，因为中途乘坐了汽车，然后又在快到体育场时下车，并伪装成一直跑着到了终点，所以其行为构成了犯规，成绩被视为无效。

仅仅一个下午，希克斯的体重整整减轻了 4 公斤还多，一到达终点，他就昏过去，在经过救治以后，他才能够接受美国总统的女儿颁发的金牌。拿到金牌的希克斯说："我觉得赢得这场比赛，比当美国总统还让我开心。"

而与金牌失之交臂的洛兹对此的解释是，当时他只想跑回体育场去拿回自己的衣服，可没想到遇到了那么热烈的欢迎，让他连说出真相的机会都没有。但不管真相是不是如此，洛兹半途乘车，然后返回赛场违反比赛规则的行为，都是抹不掉的事实，所以他受到了终身禁止参加马拉松比赛的处罚，洛兹得到了他应有的惩罚。不过一年后，当这个禁令被取消时，他很快获得了美国马拉松冠军。

陈一冰点评

俗话说，没有规矩不成方圆，任何比赛都有其应该遵循的比赛规则，运动员只有在遵循比赛规则的基础上获胜，才能被认可。那些为了取胜而逾越比赛规则的运动员，即便是胜了，也胜之不武。在进行马拉松比赛时，运动员只能在裁判的监督下沿正确的路线比赛，如有特殊原因，可以在裁判员的监督下离开赛跑路线，但如果不在监督下离开就会被视为犯规，并且取消比赛资格。

马拉松比赛全程总共42公里195米，对于一个正常人而言，这样的距离几乎在挑战人类的极限。在这个过程中，运动员所承受的身体挑战是不可想象的艰难，然而，越是这样，运动员就越应该谨遵比赛的规则，而不能为了赢就不择手段，去欺骗对手，这种对比赛规则的藐视，同时也是对“公平竞争”的奥运精神的亵渎。

“啊，体育，你就是正义！你体现了社会生活中追求不到的公平合理。任何人不可超过速度一分一秒，逾越高度一分一厘，取得成功的关键，只能是体力与精神融为一体。啊，体育，你就是荣誉！荣誉的赢得要公正无私，反之便毫无意义。有人耍弄见不得人的诡计，以此达到欺骗同伴的目的。但他内心深处受着耻辱的绞缢。有朝一日被人识破，就会落得名声扫地。”

洛兹的故事，让我想起了顾拜旦创作的《体育颂》，这首散文诗从最大程度上体现出了奥林匹克精神，也体现出了古希腊人对奥运精神的理解，在他们眼中，奥运会是神圣的，只有光明正大地取胜，才能称之为光荣。反之，就是对体育精神的亵渎。所以古代奥运会上对弄虚作假的人都会处以十分严厉的处罚。时至今日，奥运会的足迹几乎遍布每个大洲，但人们对奥运精神的理解仍旧未改变初衷。

其实不仅仅是在体育赛事中，在任何事情中，都不应该有弄虚作假的行为，自欺欺人只会让自己一无所有。

小贴士

TIPS

第三届马拉松赛事上的奇葩事件

事件 1：来自古巴的卡瓦加不时地停下来和观众聊天。

事件 2：伽西阿由于吸入尘土引起胃出血，在路旁昏迷不醒。

事件 3：倒霉的兰涛被两条野狗追得偏离了路线，进入了一片玉米地，从而失去了有利的地位。

马拉松比赛的起源

这个比赛项目的起源要从公元前 490 年 9 月 12 日发生的一场战役讲起。

这场战役发生在离雅典不远的马拉松海边，战争的双方分别为波斯人和雅典人，历史上称这场战争为——希波战争，雅典人在这场战争中获得了胜利。为了让雅典的人民在最短的时间内知道这个喜讯，统帅米勒狄从所有的士兵中找出了一个跑得最快的士兵——菲迪皮得斯。为了尽快将消息送到，一路上，菲迪皮得斯不敢停留，他一个劲儿地向前跑。终于，用最快的速度到达了雅典，当时他已经累得气喘吁吁，但他还是用自己最大的声音激动地喊道“欢乐吧，雅典人，我们胜利了”。说完，他就倒在地上死了。

后来，雅典人民为了纪念菲迪皮得斯，在 1896 年举办的第一届现代奥林匹克运动会上，设立了马拉松赛跑这个项目。

短跑故事

成功的路上没有捷径

神一样的对手

“啪”的一声枪响，选手们一个一个就像离弦的箭般冲了出去，观众还未眨一下眼睛，又是“啪”的一声，第一名的选手到达终点了。本·约翰逊看着他前面的卡尔·刘易斯以胜利者的姿势张开双臂，他知道，这一次他再次获得了铜牌，这已经是第七次了。

1961 年，本·约翰逊出生在短跑王国牙买加，在这个全民都十分热爱短跑运动的国家，本·约翰逊从小就展现出了短跑方面的天赋，他极具爆发力。15 岁那年，本·约翰逊移居到了加拿大。在加拿大，本·约翰逊得到了更加全面的训练，在大大小小的比赛中，本·约翰逊都取得了不俗的成绩，他的速度以及爆发力，使他成为加拿大人的希望。因为当时运动会上短跑项目的奖项基本上都被美国人垄断了，如果能够超越美国人，不论是谁，势必将被全世界瞩目。

终于，本·约翰逊迎来了他的第一个奥运会。他轻松地通过了预赛和复赛，进入了决赛。在决赛中，他遇到了一个十分强劲的对手——卡尔·刘易斯。卡尔·刘易斯来自美国，并在多次比赛中取得了傲人的成绩，如果本次比赛中，本·约翰逊能够超过卡尔·刘易斯，他就能成为本届奥运会男子短跑比赛的冠军。然而，第一次对决，本·约翰逊就失败了，他仅以半秒之差，落后于卡尔·刘易斯。

站在亚军的领奖台上，本·约翰逊感受不到一丝快乐，他承载着加拿大人民的希望，却仅仅因为半秒钟，就失去了金牌，如果他的步伐再快一些，说不定冠军就是他的了。回到加拿大后，本·约翰逊比之前训练得更加卖力，他想要把那半秒钟赢回来。他一次又一次地起跑，一次又一次地冲过终点。这一切，都被他的教练弗朗西斯看在眼里。

一天，在本·约翰逊结束训练后，弗朗西斯找到了他，并对他说："有一种方法可以让你的成绩提高百分之一，也就是一百米可以快出一米来，你愿意要这一米吗？"

如果有了这一米，就意味着自己能够赢回那半秒钟。只是，本·约翰逊知道教练提到的办法是什么，那就是服用合成代谢的类固醇，俗称"兴奋剂"，以提高运动速度，而这在运动场上是被明令禁止的。一旦被查出来，将会受到严厉的处罚。但如果查不出来，自己就能够超过卡尔·刘易斯。经过激烈的思想斗争，本·约翰逊还是决定凭自己的真实实力去战胜卡尔·刘易斯。

然而，命运像是与本·约翰逊开玩笑般，卡尔·刘易斯就像是一个神一般存在的对手，只要有他在场，本·约翰逊就只能屈居第二。四年一度的奥运会再次来临，全世界的目光都聚集在此，两大飞人之间的较量早已不是秘密，大家都抱着好奇的心态，等待着看这一次本·约翰逊能不能超越卡尔·刘易斯。

结果卡尔·刘易斯以9秒99的成绩，夺得了百米短跑世界冠军，再次震惊了世界。约翰逊只取得了一枚百米铜牌。再一次站在奥运会季军的领奖台上，本·约翰逊开始考虑起教练的建议。

丑陋的一米

奥运会过后没多久，弗朗西斯就接到了本·约翰逊的电话，在电话里，本·约翰逊就说了一句话："我想要那一米。"

紧接着，一场十分重要的比赛开始了。在这场比赛中，本·约翰逊终于超过了卡尔·刘易斯，第一次赢得了短跑比赛的第一名。人们简直不敢相信自己的眼睛，在此之前，卡尔·刘易斯在大家的眼中是不可战胜的。或许，本·约翰逊的胜利只是一个偶然，就在人们纷纷这样猜测的时候，奇迹却接连出现。从 1986 年以后，本·约翰逊几乎在所有的比赛中，都能够战胜卡尔·刘易斯。加拿大人几乎为此沸腾了，本·约翰逊成为世界田坛的新宠儿。人们料定，美国人垄断的田径项目，从此要被改写了，一个属于加拿大的时代终于到来了。

而本·约翰逊也没有辜负众人对他的期望，在 1987 年的罗马田径比赛中，他跑出了 9 秒 83 的好成绩，不仅得了百米冠军，而且刷新了卡尔·刘易斯创造的世界纪录。这一纪录石破天惊，震惊了美国，更震惊了刘易斯，世界田坛甚至称此为“21 世纪的纪录”。

刘易斯此时开始意识到，本·约翰逊再也不是那个永远被他甩在身后的对手了。因此，他一改往日作风，不再忙于灌制唱片、录磁带，也不再频繁地出现在电视台的节目中，他将更多的时间用在了刻苦训练中。

在此期间，卡尔·刘易斯的父亲因病去世了。在父亲离开的时候，刘易斯将自己在 1984 年奥运会上夺得的金牌放到了父亲的手中，并对父亲说：“拿着它，这是你最喜欢的金牌。”然后，他又对母亲说：“我将再赢回一枚，告慰父亲，献给母亲。”

功夫不负有心人，在1988年的奥运会前一个月的比赛中，卡尔·刘易斯终于再次战胜了本·约翰逊。这是这两年来，他第一次得到冠军，他真诚地拥抱了自己的对手本·约翰逊。若不是他，刘易斯恐怕永远跑不出这么好的成绩。同时，这次比赛的胜利，也给卡尔·刘易斯带来不少的信心，他仿佛看见即将到来的奥运会短跑金牌在向自己招手。

一个月很快就过去了。

1988 年的奥运会在韩国的汉城举办，这也是本世纪的最后一届奥运会。在短跑比赛的预赛和复赛中，大家都看出刘易斯有些紧张。因为参加预赛和复赛的目的是进入决赛，只要不被淘汰即可，并不需要耗费多大的体力，但是刘易斯却十分卖力，在预赛和复赛中都取得了十分好的成绩，稳居第一，而且在用时上超过本·约翰逊。这个成绩一公布，给所有关注比赛的观众带来了更大的悬念。

到底谁才能赢得本世纪最后一枚百米金牌，成为飞人呢？

谁才是真正的飞人

早在1985年就开始渐渐赢得胜利，并已经排名世界第一的本·约翰逊，在进入1988年以后似乎遇到了很多麻烦。他先是在2月份的时候拉伤了腿部肌肉，后来在3月份伤情更加严重了。这或许正是导致他在奥运会前夕比赛中失利的原因，因此，关注田径比赛的观众们都分外关心，这一次本·约翰逊还能不能重新拾起辉煌。

9月24日下午1时，男子100米的决赛终于开始了。

这一天的气温是24℃，风速为每秒1.1米。上天为运动员们创造了最好的比赛条件。

在一片欢呼声中，本·约翰逊、卡尔·刘易斯等短跑名将走上了跑道。不远处正在进行跳高、跳远项目比赛的选手纷纷停止了比赛，看台上观众们的欢呼声一波接着一波，裁判们、记者们的目光，还有记者手中的镜头，无一例外地全部集中在了刘易斯和约翰逊的身上。经过工作人员的一阵忙碌，选手们上了跑道的起点。刘易斯在第三道，约翰逊在第六道。

发令枪举起。刹那间，欢呼声消失了，整个运动场陷入了可怕的寂静当中。“啪！”清脆的枪声响彻天际，选手们一个个如上膛的子弹被发射出去一般，迅速飞了出去。仅仅是一眨眼的工夫，约翰逊就显出了绝对的优势，在约50米处，他就已经明显领先。压了刘易斯几乎有小半个身子，约翰逊如一匹脱缰的野马。人们的眼睛眨也不敢眨，生怕错过最精彩的一幕。仅隔了不到10秒，枪声再次响起。本·约翰逊冲过了终点，紧接着是卡尔·刘易斯。

整个运动场沸腾了，因为本·约翰逊不但赢得了冠军，他还刷新了 100 米短跑比赛的纪录，9 秒 79！这个成绩连约翰逊本人也不敢相信，因为这意味着他又创造了一个奇迹，意味着他打破了自己之前所创下的世界纪录——9 秒 83。

在整场百米比赛中，本·约翰逊跑了 47 步，卡尔·刘易斯跑了 48 步，这一步之差，就是一米，这一米与本·约翰逊在电话中与弗朗西斯说的那一米不谋而合。这是本·约翰逊想要的那一米吗？

同样想知道答案的还有卡尔·刘易斯，明明在预赛和复赛时约翰逊的成绩不如自己，为什么在决赛中就这样轻而易举地胜过了自己？刘易斯顶着满头的雾水站上了领奖台。在短暂的震惊与欢呼后，越来越多的人开始质疑约翰逊。事实上，这样的质疑从约翰逊第一次赢了刘易斯后就开始了，只是每一次的检查，约翰逊都平安地度过了。那时，面对外界的质疑，约翰逊还说："使用兴奋剂既有损自己的尊严又卑鄙可耻。一旦发现有人使用兴奋剂，就应该把他清除出体育界，这是为了大家好。"

但是这一次，本·约翰逊似乎没有那么幸运了。比赛后，他接受了尿液检查。时隔 24 小时后，国际奥委会主席萨马兰奇收到了一份神秘的报告，这份报告显示，通过例行药检证明：本·约翰逊在比赛前夕服用了兴奋剂！而此时人们还毫不知情，仍旧沉浸在百米纪录再次被刷新的喜悦中。

随后，国际田联宣布了对本·约翰逊的处罚决定：他所创下的世界纪录取消，金牌获得者改为原银牌得主卡尔·刘易斯。约翰逊在 1987 年创造的 9 秒 83 的成绩，也被取消，同时还将被禁赛两年。

本·约翰逊从“代表人类极限”的英雄，瞬间成了被人们唾骂的对象，他成了败类、骗子，本·约翰逊试图为自己开脱，但是似乎人们并不买他的账。两年之后，本·约翰逊再次出现在了赛场上，他依旧是那个跑得最快的人。但是在 1993 年一场国际比赛中，约翰逊再次被查出服用了违禁药物。这一次，国际田联给出了更加严厉的处罚，那就是终生禁赛。就这样，约翰逊被人们永远地“钉”在了耻辱柱上。每当人们提起“兴奋剂”时，总忘不了将约翰逊拿出来说一说。

如果早知道结果会是如此，或许本·约翰逊就不会打出那个电话了吧。他找到了通往胜利的“捷径”，却令自己永远地告别了田径赛场。

陈一冰点评

医学上的进步，虽然给人类的疾病带来了福音，但同时，也让许多求胜心切的运动员钻了“空子”。很多运动员为了取得更好的成绩，而服用能够令自己体力增强的药物，比如：兴奋剂。

服用兴奋剂的运动员主要是举重和拳击选手，因为兴奋剂能够在短时间内令他们体力大增，让他们在比赛中一举战胜对方。还有一些是射击选手，因为射击项目对运动员的稳定性要求很高，而兴奋剂则能够起到镇定神经的作用，令选手在比赛的过程中手部更加平稳一些。

但不管是出于什么样的原因，服用违禁药物都是违背奥运“公平竞争”精神的行为。体育精神是要求运动员发挥出自己最真实的能力，去追求更快、更高、更强，如果服用了药物，还算是真实的能力吗？这完全是一种自欺欺人的行为。

更重要的是，服用兴奋剂，对运动员的身体造成的伤害也非常大。曾经有一名自行车选手就因为服用了过量的兴奋剂导致死亡，因此，服用兴奋剂有时候终止的不仅仅是运动员的体育生涯，还有可能是运动员的生命。

服用兴奋剂能够为自己带来暂时的好成绩，但是以后呢？难道运动生涯都要靠兴奋剂来支撑吗？显然不能。

做运动员这么多年，给我感受最深的就是任何事都要从一点一滴做起。任何一个冠军头衔，都是靠运动员日复一日的艰苦训练得来的。我并不是一个天才运动员，甚至开始的时候我比很多人都差，为了取得成绩，我只能“笨鸟先飞”，每天比别人早到训练房一小时、晚走一小时，就这样，终于在成功那天发现自己这只“笨鸟”还挺能飞的。

所以，不要在自己努力一次的时候就妄图得到最好的结果，也不要为了得到最好的结果就使用一些额外的手段。因为成功，只有靠勤奋才能得到。

小贴士
TIPS

怎样知道运动员有没有服用兴奋剂呢？

当运动员结束了比赛回到休息室时，就会有一个穿着白大褂的人出现，那个人拿着一个空瓶子，然后让运动员将自己的尿液排到里面。接着，“白大褂”就会拿走这个装着尿液的瓶子回到实验室，在实验室中对运动员的尿液进行一系列的化学分析后，就能够知道运动员到底有没有服用兴奋剂了。

有趣的是，有的运动员因为在比赛期间出了大量的汗，导致他们在进行尿液检查的时候，往往排不出尿来，这让他们在卫生间里急得团团转。曾经有一个得了拳击比赛冠军的运动员，就因为尿不出来，被“白大褂”灌了 8 杯啤酒呢！

兴奋剂事件中的“冤大头”们

除了那些为了达到目的而服用兴奋剂的运动员，

还有一些运动员完全属于“冤大头”类型的，因为他们是无意中服用了兴奋剂。比如：1972年美国运动员里克·戴梦德赢得了400米自由泳的冠军后，却被取消了成绩，原因就是在他的尿液中检测到了兴奋剂。而他却不是故意服食的，他是因为有哮喘病，而在比赛前服用了治疗哮喘的药物，而那些药物中含有兴奋剂。面对这样的“冤案”，奥委会也没有办法，谁叫他有哮喘病呢！

短跑故事

不公正的裁决

一场比赛，十个裁判

第四届奥运会在英国的伦敦举办。通常对于在本土举办的奥运会，东道主都会十分在意自己国家能够得几枚金牌，因为这可是个“面子”的问题。

想要夺得更多的金牌，就必须要在田径项目上多拿金牌，因为在奥运会中，田径比赛是设置金牌数最多的项目，可以说是“得田径者得天下”。在这之前美国一直占据着田径“老大”的位置，想要在这个项目中拿到金牌，那可不是一件容易的事情。但这一次，英国人对于男子 400 米这个项目可以说是势在必得，因为他们有一位传奇的退伍兵——维恩达姆·哈斯威尔。

哈斯威尔以前在爱尔兰当步兵，并且还在南非参加过战争。与哈斯威尔同一个部队的战友吉米·库恩是一名专业的田径运动员，在与哈斯威尔接触的过程中，他发现哈斯威尔在不经意间流露出了良好的跑步天分，重要的是他还没有经过任何专业的训练，如果再经过专业的训练，那哈斯威尔的速度将更加出色。

于是，当战争结束后，库恩就建议哈斯威尔进行田径训练，哈斯威尔接受了战友的建议，从此成为一名运动员，并在希腊举行的一次纪念运动会上，取得了男子 400 米银牌一枚和男子 800 米铜牌一枚。这个成绩无疑给了英国人很多信心，他们将哈斯威尔看作一匹“黑马”，一匹能够在田径场上超过美国人的“黑马”。

400 米田径比赛当天，哈斯威尔在半决赛中率先胜出，跑出了 48.4 秒的好成绩，创造了奥运会纪录。到了决赛时，主办方只允许四名预选赛获胜的选手参赛，而且没有分出比赛的赛道。进入决赛的选手除了哈斯威尔，剩下的三名选手都是美国的运动员，他们分别是约翰·泰勒、威廉姆·罗宾斯和约翰·卡彭特，他们的实力都不容小觑。这样的场面让作为主办方的英国人有些担心，因为在此之前的其他项目上曾发生过冲突，如果这一次美国人使用所谓的“团体策略”，那么哈斯威尔则夺金无望。

因此，为了保证哈斯威尔能够夺冠，主办方决定在赛道上每隔 20 米就设一个裁判员，来监督犯规行为，并在比赛开始前，对四名运动员说“一旦发现明显的犯规行为，将取消比赛，半个小时后再重新比赛”。

莫须有的“罪名”

比赛开始了，赛道外面站着数十个裁判员，他们的眼睛就像钉子似的，注视着场上的运动员。当哈斯威尔和其他三名运动员站在起跑线上时，在场的群众立刻欢呼起来，他们大部分都是英国人，是专门来为哈斯威尔加油打气的。发令枪声一响，罗宾斯第一个冲了出去，而且迅速地占据了领先的位置，在跑出去 200 米的时候，他已经领先第二名将近十米的距离。不过，罗宾斯的速度快，体力消耗得也快。在进入最后一个直道的时候，罗宾斯有些跑不动了，很快被后面的卡彭特和哈斯威尔超过。

哈斯威尔看着与自己并驾齐驱的卡彭特，便打算从外侧超过他。卡彭特自然不会给哈斯威尔这个机会，于是他抢先一步向外斜着跑了过去，此举直接挡住了哈斯威尔的去路。就在卡彭特为自己的机智感到庆幸时，站在场外的裁判员吹响了哨声，并大声对卡彭特喊道：“犯规！停止比赛！”并在卡彭特准备冲过终点的时候，将终点上的标志线扯断了。同时，还将正在继续奔跑的泰勒从跑道上拽了下来。

在场的美国人自然不满裁判员的这一做法，纷纷上前讨说法。一时间，比赛场地乱成了一锅粥。大约过了半个多小时，赛场上的喧闹声才渐渐平息下来。但是也没能改变最后的结果，卡彭特虽然第一个冲过终点，但是他的成绩却没有被认可，甚至没有得到公布，原因就是他在比赛中犯了规。

至于犯了什么规，裁判员也不能说出个所以然来，而之所以判卡彭特犯规，是因为他在跑步的过程中挡住了哈斯威尔的去路，让哈斯威尔不能得第一。作为主办方的裁判，自然不能眼睁睁地看着自己国家的运动员被“欺负”，所以就只能将卡彭特罚下场。

当然了，放在今天来讲，卡彭特的行为肯定是犯规的。但是在那个时候，赛场上没有设置跑道，所以在当时的规则中也没有相关的犯规规定。因此，美国人对裁判的判决十分不服气，他们认为这个判决有失公正。

在两天之后的重新比赛中，另外两名美国选手罗宾斯和泰勒都拒绝参加重赛。哈斯威尔一看赛场上就剩下了自己，也动了放弃比赛的念头。但是他的教练却极力说服他留下来，于是哈斯威尔完成了一项只有一名选手参加的田径比赛。

最后的结果毋庸置疑，哈斯威尔得到了第一名，赢得了这场奥运会历史上仅有的一次只有金牌，没有银牌和铜牌的比赛。站在领奖台上，哈斯威尔看着冉冉升起的国旗，他感到的不是骄傲，而是耻辱。

是啊，对于运动员而言，还有什么比在一场没有对手的比赛中获胜，更加丢人的事情呢？哈斯威尔无法承受这种屈辱，这届奥运会结束以后，他就终止了自己的体育生涯，再也没有出现在任何比赛与训练中。

这场比赛虽然让英国人如愿以偿，但是却伤害了哈斯威尔，也伤害了另外三名美国运动员，伤害了他们对于体育的热爱。与其说，这是裁判员的私心惹的“祸”，倒不如说比赛赛制存在漏洞，才会出现如此不公平的一幕。

因此，从这场比赛之后，在奥运会赛制上，做出了许多更改，比如：比赛要从世界各国中挑选裁判员，不能只用主办国的裁判员；在 400 米的比赛中，要按照划分好的跑道进行比赛……后来到了 1912 年，还专门成立了国际业余体育协会，其最主要的职责就是制定比赛规则。

陈一冰点评

伦敦奥运会在奥运赛制上做出的贡献，可以说有着里程碑的作用。在此之前的几届运动会上，因为赛制不健全闹出的笑话比比皆是。

没有一个统一的标准，又怎么衡量运动员们的表现呢?

比赛规则，是一场比赛能否公平公正进行的前提，也只有拥有规则的比赛，在比赛过程中，才能称得上是“公平竞争”。

经过这么多年的发展，奥运会在赛制上，已经得到了很大的改进，并且几乎每次都在令比赛赛制更加完善。

但是，就如生活一般，即便现在的生活已经十分美好，但仍旧会发生一些让人感到沮丧的事情。比赛也是这样，尽管赛制一直在向着更加完善的方向发展，但是仍然存在着一些不合理的地方。

比如伦敦奥运会上发生的那一幕，我能够坦然地接受比赛结果，是因为我对自己的表现没有任何遗憾了，所以金牌也好，银牌也好，至少对我自己而言，我已经做到了最好，这就是冠军。但是对于比赛规则，却让我感到很寒心。

当时很多观众都建议我提出申诉，我并非不想申诉，而是因为当时的那种情况，根本无法申诉。因为根据国际体联有关申诉的规定，我只能申诉自己的难度分，而不能申诉自己完成分和其他选手的难度分与完成分。但是在难度分上，我跟我的对手没有任何差别，我们的差别在完成分上，当时我落地很稳，但是对手却趔趄了一下，而这部分又是我不能进行申诉的，所以我根本没有办法申诉。

很多人为我感到不平，但是没有办法，这是“不可逾越的比赛规则”。对于这种情况，我们除了希望在赛制上有所改进外，能够做的就是加倍地训练，让自己的技艺征服观众、征服对手、征服裁判，让任何人都无话可说。

小贴士
TIPS

细数那些五花八门的比赛姿势

在第一届奥运会的 100 米田径赛中，起跑姿势可以说是千姿百态，有直立着的，还有弯着腰的，有双手摊开的，还有蹲着的。以“蹲姿”起跑的美国选手托马斯·伯克以 12 秒整的成绩取得了第一名。后来，这种姿势被纳入了赛制中，成了跑步比赛的标准起跑姿势。

再来说跨栏。说到跨栏，我们首先会想到刘翔那“飞人”一般的姿势，却想不到第一届奥运会上 110 米跨栏比赛时的跨栏姿势，可以用“五花八门”来形容，有的运动员甚至是双脚跳过栏后，向后顿一下再向前跑。

还有游泳，最初因为条件限制，根本没有专门的泳池供运动员使用，因此游泳比赛的场地是公海，因为无法测量实际的数据，只是大致地估量一下。比赛那天，由于刮起了大风，看着惊涛骇浪，许多选手都望而却步了，最后只有三名希腊选手参加了比赛，至于游泳姿势，全凭自然发挥。

蹲着起跑比站着起跑更快吗？

答案是肯定的。假如把人体比作一个弹簧的话，压缩的程度越大，反弹的力度也就越大。所以短跑选手会采用蹲踞式起跑，因为这样就可以让身体处于较大程度的“压缩”状态，然后在第一次发力时，身体就会像弹簧一般地“射”出去了，这会大大提高奔跑速度。

但这种起跑姿势通常都用在短跑比赛中，因为短跑的距离较短，如果起跑时就能占尽“先机”，对赢得比赛是十分有利的。但是对于中长跑而言，特别是长跑，在途中受到的各种因素影响较多，所以选手为了合理分配体力不会从一开始就拼尽全力，所以这个时候采用蹲踞式起跑对比赛成绩无法造成任何有利的影响，所以大多数长跑选手都是采用站立式起跑。

竞走故事

坚守规则才能得到冠军

有种比赛，必须走到终点

1989 年，在凤城市体校内，一个身材消瘦，四肢修长的女孩儿正在田径场上专心地进行 1500 米的跑步训练。场外，一双眼睛正在追随着她，并随着她迈出的步伐，不住地点着头……这个女孩儿就是王丽萍，2000 年悉尼奥运会上一鸣惊人，夺得 20 公里竞走金牌的冠军。

王丽萍是一个在农村长大的姑娘，小时候她的成长环境并不优越，一家人就靠着在烟草收购站工作的父亲那点微薄的工资度日。或许也正是因为如此，练就了小丽萍特别能吃苦的个性。在上小学的时候，小丽萍就表现出了超强的运动天赋，只要学校举办运动会，总能在比赛中看到她的身影，而且每次她都能得第一名。这样一棵体育的好苗子，自然不会被埋没，经过老师的推荐，小丽萍被送到了县体校。

后来，因为在县体校表现优异，小丽萍又被送进了市体校。那一年她才刚刚小学毕业，别的小姑娘还在父母怀抱中撒娇的年龄，她就已经背井离乡，在一个完全陌生的环境中开始了艰苦的训练。因为天生拥有一双大长腿，王丽萍被安排进行 1500 米的专项训练。每天从天亮就站在田径场上，一直到日落，不管严寒还是酷暑，王丽萍没有喊过一句累。这个小女孩儿身上的韧劲儿，很快也被教练发现了，同时教练也认为或许还有比跑步更适合王丽萍的体育项目。

就这样，在王丽萍进入市体校的第二年，她的教练将她推荐给当时中国竞走界的著名教练王魁。那天，王丽萍正在专心地训练，全然不知场外王教练的眼睛正在注视着她，并且在心中已经认可她。直到她停下来，才知道从那天起，她不用再训练跑步了，而是改训练竞走。

原本需要跑到终点的王丽萍，忽然改成了走到终点，她多少有些不适应。

比起跑步，竞走需要遵守的规则太多了。在竞走的过程中，双脚必须与地面保持不间断的接触，不准同时腾空，着地的支撑腿膝关节应有一瞬间的伸直，不得弯曲。如果出现了腾空或者是关节弯曲，就算是犯规，轻者会受到严重的警告，重者就会被取消比赛资格。简而言之一句话，就是竞走只能是走，不能出现“跑”的动作。

这对一直练习跑步项目的王丽萍来说，难度不是一星半点，她常常走着走着，就开始“跑”了起来。为此，她没少挨教练的批评。但这并没有让王丽萍气馁，她一直都是一个踏踏实实的姑娘，既然是“走”步项目，那就一步一个脚印地好好走吧，她在心里这样给自己打气。

这个训练过程不但艰苦，而且极其枯燥。跑步还能给人的心理带来速度上的快感，而竞走，却是既要快，又不能太快的运动，因为太快了，自然就跑起来了。然而，即便是这样难熬，王丽萍也坚持下来了，她的成绩有了突飞猛进的提升。

在周而复始的训练中，王丽萍也渐渐爱上了竞走，对她而言，这个项目有着独特的魅力，在一步一步走到终点的过程中，她更加深刻地体会到了“踏实”的含义。

由于肠胃不好，只要运动量一大，王丽萍就会呕吐，有时候吐得黄胆水都出来了，这让教练心疼不已，但是王丽萍自己却不愿意就此停下训练，因为好的成绩是大运动量换来的，如果停下，自己还怎么进步呢？

因为犯规，被罚下场

“一步一个脚印”是王丽萍的座右铭，而她在现实中也是这样做的，她一步一步地从县少体校、市少体校到省体校，再到入选国家队，这每一步都浸透着她的汗水。

国家队云集全国最优秀的运动员。最初，王丽萍显得那样微不足道，但她没有迷失自己，每天与队友们一起训练，向前辈们讨教，很快凭借着自己扎实的功底与踏实的个性，在一次又一次的比赛当中开始崭露头角。

1996 年，在亚特兰大奥运会举办前夕，全国的竞走选手云集云南，等待着参加奥运会的选拔赛。王丽萍也在其中，是否能够顺利成为奥运会上的一员，就要看自己在选拔赛中的表现了。为此，王丽萍每天都要进行大量的训练。可能是运动强度过大了，王丽萍的膝伤复发，起初还能勉强坚持训练，但是伤情越来越重，以至于每走一步路都要忍受钻心的疼痛。不得已之下，王丽萍只好放弃训练，找医生救治。

然而，医生却给了她一个毁灭性的消息，除非停止比赛，否则无药可救，这就意味着王丽萍要与奥运会失之交臂了。得知这个消息的王丽萍难过得流下了眼泪，奥运会是每一个运动员都渴望登上的梦想殿堂，错过了这一次，就只能再等四年。而对于一个运动员而言，比赛生涯又是何其短暂。

但是现实摆在那里，王丽萍只能痛苦地接受。在她回家休养期间，一直与她一起训练的队友们踏上了亚特兰大的奥运之旅。

两个月后，膝伤的疼痛稍微有些缓解后，王丽萍就再次回到了训练场上，咬着牙进行训练，凭借着这股顽强的毅力，王丽萍的成绩有了显著的提高。没过多久，错过了奥运会的王丽萍，出现在了西班牙举办的一个国际邀请赛上。这次比赛对王丽萍而言非同寻常，一来这次邀请赛上还有许多国际顶尖的竞走运动员参加，另外如果能在这次比赛中取得好成绩，那无疑对自己入选悉尼奥运会有很大的帮助。

因此，从站上赛场的那一刻起，王丽萍就铆足了劲儿准备拿个冠军。一声令下，大家立刻走了出去，一开始就像是一群人在散步，慢慢地运动员与运动员之间拉开了距离。王丽萍始终走在前面，但她并不是第一，她前面还有几名选手。离王丽萍最近的一个选手，似乎体力有点跟不上了，王丽萍认为这是一个追上对方的好机会，于是加快了脚步想要追上对方，也许就是这一念之差，让她的动作犯了规，在一旁的裁判员立刻给了她一个红牌警告。

在竞走过程中，出现犯规动作被罚牌，是再正常不过的事情。但对于求胜心切的王丽萍而言，这次发牌无疑是个打击。结果在临近终点的时候，她又接连出现了犯规动作，眼看着就要到终点了，王丽萍却被罚下了场。原本想拿个金牌证明自己，却没想到连比赛的终点都没走到，就离开了赛场。这次失败对王丽萍打击特别大，更让她难受的是来自外界的评价，人们纷纷指责她技术不过关。

不过，难受归难受，对于大家的指责，王丽萍记在了心里。既然被罚下场，那就一定是她的动作存在问题。所以，在此后的两年里，王丽萍一直都在纠正自己的动作和摆正自己的心态。

转眼间，2000 年的悉尼奥运会就要举办了。王丽萍的队友们都投入到了紧张的选拔赛中，这其中就包括世界杯和世界锦标赛的双料冠军刘宏宇，而王丽萍此时还在调整中。

“侥幸”获得的冠军

因为不在奥运会正选名单中，王丽萍想要参加奥运会，必须要经过重重选拔。这已经是王丽萍第二次为参加奥运会而参加选拔了，因为谨记着西班牙赛事的教训，所以在前两站的选拔赛中，王丽萍的表现十分优异，连续拿了两个第一。然而，命运再次重演，在最后一站选拔赛举行的前四天，王丽萍的膝伤再次复发，她的教练立刻请来了医生为她治疗。或许是太想参加奥运会了，就在比赛的当天，王丽萍惊喜地发现，膝盖不疼了，就这样王丽萍赢得了最后一站的第一名，顺利取得了参加奥运会的资格。

在奥运会比赛的那天，王丽萍一直在心里提醒自己，拿不拿冠军无所谓，但千万不能犯规，千万不要被罚下场，否则对她的职业生涯将是致命的打击。然而，比赛一开始，王丽萍就被赛场上“厮杀”的气氛感染了，恨不得立刻走到最前面，这让她忽略了动作的规范性，所以不出所料地被罚了一张警告牌。这让王丽萍立刻清醒了过来，她逐渐放慢脚步，一遍又一遍地提醒自己，千万不能再被罚了。

走在前面的第一集团，竞争也最为激烈，选手们一个个都急红了眼，谁也不肯落后半步，在这种状态下，自然就无法顾及自身的动作了，于是一个接一个地被裁判罚下了场。王丽萍的队友刘宏宇，也是冠军呼声最高的选手，也被罚下了场。而跟在后面的王丽萍显然并没有受此影响，她专注在规范自己的动作中，一步一个脚印地继续向前走着。

直到距离终点不远的地方时，王丽萍才猛然发现，走在自己前面的只剩下两名选手了。震惊之余，王丽萍还是将全部注意力都集中在了自己的双脚上，越是这个时候，越不能自乱方寸，否则又要犯规。

紧接着，前面的两名选手又被罚下场一名。此时，王丽萍距离第一名选手只有约 50 米的距离，她试图赶超这名选手，但随后发现超过这个对手并不容易，如果自己一意孤行，说不定还会犯规。西班牙被罚下场的那一幕再次出现在王丽萍的脑海中，几乎是不自觉地，她再次放慢了脚步，并调整了心态，只要能拿到银牌就好。

但是王丽萍想要赶超对手的举动，却给对手造成了心理压力。因为害怕被赶超，那位选手立即加快了脚步，就是这一念之间，在马上就要走到终点的时候，这个选手也被罚下了场。几乎要到手的金牌，就这样飞走了，这名选手受不了这个打击，坐在场外号啕大哭。这一幕也落在了王丽萍的眼里，这多么像曾经的她呀，想到这里，王丽萍的心中一阵发酸。

然而，赛场上并没有那么多时间让她去为对手惋惜，就在王丽萍看着被罚下场的对手时，裁判员的眼睛正死死地盯着她，在感受到裁判员那刀子一样的眼神后，王丽萍几乎吓得腿都软了。“完了，完了，要被罚下场了。”王丽萍不禁在心里打鼓道。

万幸的是，在经过裁判员身边的那一刻，王丽萍的动作依然规范，就这样她顺利地走完最后的一百米，触碰到了那条象征着胜利的白布带。

有人认为，如果不是前面的选手被接连罚下场，一直名不见经传的王丽萍是不可能夺冠的，所以她之所以能够取得冠军，完全是侥幸。但只有王丽萍知道，这不是侥幸，是她的踏实助她夺得了这枚金牌。如果不是她严于律己，她也早就被罚下场了。

陈一冰点评

每一个获得成功的人，都绝不是因为侥幸。恰恰相反的是，很多失败，却是因为侥幸。如果不是存在侥幸心理，认为裁判员可能不会看到自己的犯规动作，那么走在王丽萍前面的几位运动员就不会被罚下场了。要知道，面对奥运会的比赛规则，任何人都是平等的，不会因为这个运动员是上一届的冠军，规则在他面前就是透明的；也不会因为那个运动员从未得过冠军，规则就对他格外严厉。正是知晓了这一点，王丽萍才能够摆正心态，严于律己，一步一个脚印地走向终点，并取得了最后的成功。

以同样的规则去完成比赛的公平竞赛原则是奥林匹克精神的核心内容，也是一切体育比赛都要坚持的原则。它要求体育竞赛的组织者和参与者，在同样的起点，用同样的规则去公平竞争。它可以调动每一位体育竞赛的组织者与参与者的积极性，使他们不断完善比赛规则，提升自我的运动水平，并最终为全社会带来福利。

正如奥林匹克精神所强调的，竞争只有在公平的基础上才有意义，只有这样每个国家的运动员才愿意保持团结一致、友谊长存的关系，如此奥运会才能够将它神圣的目标实现。同样，只有遵循公平的规则，我们才能够在人生的每一场比赛中不仅仅锻炼了身体，还能够提升心理承受能力和道德水准。

我曾说过："成功的密码就是'自律'。"因为关于自律，我有太多的切实感受，比如，训练很苦、很难受时也不能请假；为了控制体重，每天既要保证训练又要控制食量，晚上睡觉时饿得都想抱着枕头啃。其实，教练也不会太管我们如何控制体重，全靠自己，我也可以在食堂吃得很享受，但那样的话，就不会有奥运赛场上的我了。

对于青少年而言，王丽萍身上这种"自律"的精神是值得我们学习的。只有自律，在面对诱惑的时候，才能坚守自己的原则；只有自律，在面对成长中的磕磕绊绊时，才能牢记自己的目标，继续前行。

小贴士 TIPS

竞走比赛有两个核心规则

其一，竞走选手必须始终保持有一只脚落在地面上。

其二，从前进脚落地的一刻起直到腿部达到垂直的姿势，腿部必须保持直线。

一旦违反了这两个规则，就会被视为犯规。

关于竞走比赛犯规的惩罚

在竞走比赛中，会有6～9名专职的竞走裁判员在场外监督运动员的一举一动，在这个过程中，裁判员不能借助任何设备的帮助，只能依靠自己的双眼去判断。

当裁判员发现竞走运动员的动作有违反竞走技术的迹象时，就会予以运动员黄牌警告，并在赛后报告给主裁判。如果运动员有违反竞走技术的动作出现，如：双脚腾空或膝关节弯曲，这时裁判员就会将一张红卡交给主裁判。

如果主裁判收到三张来自不同竞走裁判员的红卡，并且是针对同一个选手时，他就会取消这名运动员的比赛资格。

拳击故事

被驱逐的裁判员

三分钟内，击倒对手六次

“好！好！……”观众席上，不断传来阵阵喝彩声。

正在进行的是2012年伦敦奥运会男子56公斤级拳击比赛1/8决赛，按照常理，这还不是决赛，但是却令观众们情绪高涨。这得归功于正在擂台上猛烈出拳的日本拳手清水聪。这个看似瘦小的小伙子，从一上场，就展现出了咄咄逼人的气势，令擂台下的观众们看得血脉贲张。

清水聪的对手是来自阿塞拜疆的拳击选手穆罕默德·阿卜杜拉，在1/16的比赛中，阿卜杜拉的表现很不错，所以清水聪不敢轻敌。比赛一共有四个回合，根据规定，拳击比赛中在同一局中打倒对手 3 次，或者在 3 局中打倒对手 4 次都会自动胜出。所以裁判一声令下后，清水聪与阿卜杜拉立刻投入到紧张的周旋当中，寻找一切机会击倒对方。但他们很快发现，对方也毫不示弱。终于，清水聪找到了机会，他猛地一出拳，却被阿卜杜拉巧妙地躲了过去，就在清水聪还没有回过神来之际，阿卜杜拉抓住机会回击，清水聪挨了一拳。

这一拳打得清水聪一个趔趄，但是他很快就掌控好身体平衡，没有让身体碰到擂台，否则他就要被扣分了。很快，前两个回合就结束了，在休息之余，清水聪和阿卜杜拉的头脑都在飞快地转动着，刚刚进行的两个回合，已经让他们对对方的特点有了一个大致的了解。接下来，就要想办法找到对方的短板，给予对方致命的一击，这样才能在接下来的第四回合占尽优势。

于是，第三回合一开始，清水聪就以迅雷不及掩耳之势，向阿卜杜拉发起了进攻。阿卜杜拉一时间没能招架住，被清水聪打得连连后退。就在短短的 3 分钟内，阿卜杜拉竟被清水聪击倒了 6 次。

根据比赛规定，阿卜杜拉已经输掉了这场比赛。然而，在裁判公布比赛成绩的时候，清水聪竟然以点数 17：22 负于阿卜杜拉。成绩一公布，就立刻引起了全场骚动，现场一万多名观众集体发出了嘘声。在看台上的都是略懂拳击比赛的观众，他们眼睁睁地看到清水聪一次又一次地将阿卜杜拉击倒，并认定清水聪已经从这一局中胜出了，却没想到结局大大出乎他们的意料。

同样不敢相信这个成绩的还有清水聪自己，虽然在比赛过程中，他也曾被对方的拳头打到，但是这还不至于令他糊涂，他清楚地记得自己在第三回合拼尽了全力，击倒了对手 6 次，虽然在奥运会的拳击项目中，击倒对方并不能给自己加分，但是也不至于输给对手。

比赛结束后，清水聪低着头走出了赛场。

颠倒黑白，终被驱逐

赛场外，一些比赛完毕的运动员已经准备回国了，他们并不是胜利者，但是他们完成了自己的使命，并得到了应有的结果，所以每个人脸上都挂着满意的微笑。但是清水聪不想就这样回国，他必须要为自己讨个公道。

于是清水聪向国际拳击协会提出申诉，并交纳了500美元申诉费，要求重新对刚才的比赛进行判决。在重新观看比赛录像后，国际拳击联合会的官员清晰地看到清水聪曾在3分钟内击倒了对方6次，根据国际拳联的规则，当时裁判员应当终止比赛。因此，清水聪的申诉被接受，比赛结果进行改判，清水聪在1/8的比赛中获胜，成功进入8强。

清水聪得到了公正的结果。那么裁判呢？犯了这种低级错误，不会受到惩罚吗？当然会。

不同于职业拳击比赛，奥运会拳击比赛属于业余拳击比赛，比赛设1名台上裁判和5名边裁。来自土库曼斯坦的裁判梅雷特尼亚佐夫作为主要裁判，他的责任是最大的。经过国际拳击联合会的调查，结果显示：当时的裁判员梅雷特尼亚佐夫有明显的偏袒行为，并且对比赛结果进行了错误的判决。因此，梅雷特尼亚佐夫被驱逐出奥运会，同样被驱逐出奥运会的还有阿塞拜疆的技术官员。除此之外，另外几名边裁，也受到了不同程度的惩罚。

然而，事情到此还没有结束。随着调查的深入，更大的

“黑洞”随之被曝光。据英国的《卫报》报道，早在伦敦奥运会举办的前一年，阿塞拜疆为了取得金牌，就花了900万美元，“买”下了伦敦奥运会拳击比赛的两块金牌。世界拳击联赛负责人伊凡·霍达巴卡什在接受阿塞拜疆900万美元的资金时，承诺这两块金牌非阿塞拜疆莫属。或许，这就是裁判员在比赛场上张冠李戴、颠倒黑白的原因吧。

然而，在奥运会的历史上，发生在清水聪身上的这样的误判事件，仅仅是冰山的一角。在 1906 年纪念奥运会举办 10 周年的非正式奥运会上，一个叫乔治·博哈格的希腊选手有望包揽 1500 米和 8000 米两项田径比赛的金牌，但是他却在比赛中意外失利，错过了这两枚金牌。但是他在后来进行的 1500 米竞走比赛中获得了金牌，获胜的原因是裁判将其他选手的比赛资格都取消了。

还有在 1908 年奥运会中量级拳击比赛中，裁判员道格拉斯明显偏袒其中一名选手约翰·道格拉斯，使这名选手成了冠军。这一切只是因为，裁判员大道格拉斯是选手约翰·道格拉斯的父亲。

……

直到现在，这样的事例仍然层出不穷。但在奥运精神面前，这也只会让遵守规则的选手和裁判更加遵守规则，让藐视规则的人受到应有的惩罚。

陈一冰点评

在奥运会的比赛中，这样的事例比比皆是。有的是裁判真的没有看清楚，所以出现了误判；而有的则是明显偏袒其中一方；还有的是因为收受了贿赂而进行了“误判”。显然，最后一种情况的情节更加恶劣，这种行为严重违背了奥运会“公平竞争”的原则。

奥运会上的比赛规则，约束的不仅仅是赛场上的运动员，同样对裁判员也具有约束力。在奥运会的开幕式上，裁判员代表会代表全体裁判进行宣誓，其宣誓的内容是：遵守竞赛的规则和裁判员纪律，裁判职责严肃公正。尊重参赛选手文明裁判，不徇私情秉公办事。显然，在清水聪与阿卜杜拉的这场比赛中，裁判员的判决有失公正，完全违背了其宣誓的内容。所以，他得到了应有的惩罚。

除了贿赂裁判外，还有一些选手会为了取胜而贿赂对手。公元前 388 年进行的第九十八届古代奥运会上，就有一名名叫厄尤波鲁斯的拳击选手为了取得最后的胜利，贿赂了要跟他竞争的三名对手。后来这件事情被泄露了出去，包括厄尤波鲁斯在内的四名选手全都受到了惩罚。组委会用惩罚他们所得到的罚金，建造了 6 尊宙斯的雕像，并且为了让他们永远记住自己犯下的错误，还在其中一尊雕像上刻了这样一段话：奥林匹克的胜利不是可用金钱买来的，而需依靠飞快的两脚和健壮的体魄。

可见，公平竞争的精神，从古代奥运会开始就已经存在了。但是到了现代奥运会，依旧还会有这样的事情存在。除了这个故事中提到的清水聪，最著名的贿赂事件，应该就是 1988 年的汉城奥运会了，在那一届奥运会上，乌龙事件层出不穷，让本着公平竞争原则参赛的选手们伤透了心。

贿赂对手、贿赂裁判，是让人唾弃的行为，但是收受贿赂，为了金钱出卖自己的行为，更加令人不耻。我们不能要求任何人都抱着公平竞争的心态走进奥运会赛场，但是至少我们能够做好自己，不去贿赂别人，也不接受任何人的贿赂。外界的环境如何，都不应该成为我们不严格要求自己的借口。因为，只要一直足够坚定，任何人、任何事都不能将我们改变。

小贴士
TIPS

“命运多舛”的拳击比赛

早在公元前 688 年的古代奥运会上，拳击比赛就被列为正式比赛项目。但现代奥运会在雅典召开的时候，组织者认为拳击这个项目过于危险，所以取消了拳击比赛。后来到了 1904 年的圣路易斯奥运会上，拳击才再次进入比赛项目的名单中。但是在 1912 年的斯德哥尔摩奥运会上，因为瑞典法律禁止拳击运动，导致拳击比赛再次被雪藏。直到 1920 年的奥运会，拳击项目才在奥运会的比赛项目中被确定下来。

比赛前，还得称重？

因为拳击比赛选手的体重各不相同，所以比赛规则是按照体重进行划分的。如果不按照体重划分，让一个体格壮硕的选手对战一个身材消瘦的选手，那就十分不公平了。所以为了能够实现公平竞争，奥运会的拳击比赛将选手的体重分为 12 个级别，分别为：48 公斤以下级（含 48 公斤）、51 公斤级、54 公斤级、57 公斤级、60 公斤级、63.5 公斤级、67 公斤级、71 公斤级、75 公斤级、81 公斤级、91 公斤级、91 公斤以上级。

然后在比赛当天的上午，所有的参赛运动员都要继续体检和称重，重量差不多的选手，就会被安排在一起进行比赛。为了保证选手的体重在称重时与比赛时不会产生太大的差距，所以比赛还规定，称重与比赛的时间相隔不得超过三个小时。

结果会给努力最公正的待遇

或许，

不是每一份努力都能得到回报，

但至少我们收获了经验；

或许，

不是每一次坚持都能得到认可，

但至少我们不辱使命；

或许，

不是每一次付出都能得到公正的待遇，

但至少我们做到了问心无愧。

要相信，

上帝不会亏待任何一个认真努力的人。

十项全能

被剥夺的金牌回来了

体育天才

爱因斯坦说："成功是99%的汗水加上1%的天才。但是，通常1%的天才比99%的汗水更为重要。"吉姆·索普就是拥有这1%天才的人，他与生俱来的能力，就是运动天分。据说，索普的祖先是部落的军事首领，他的母亲是勇士的后代，这样的遗传基因在索普身上，演变为勇敢和奋进的精神，这正是一个运动员需要具备的素质。

可以说，在整个学生时代，索普在田径场上没有遇到真正的对手。有一次，他们当地有名的拉斐德学院邀请索普所在的卡莱尔印第安学校进行一场田径竞赛。可当拉斐德学院的工作人员去接站时，发现卡莱尔学校居然只派了一高一矮两个运动员来参加比赛。

“怎么只有两个人？”接站人员疑惑地问道。

“不，不……”高个子的那个人连忙摆手解释道，“只有我一个人，他是负责人。”说话的人，就是索普。他虽然只身前往，但是拿下的成绩却惊呆了所有人。

在那次比赛中，索普参加了短跑、长跑、跳高、跳远、跨栏、铁饼、铅球等项目，并在8个项目中取得了胜利。这一战，让索普成了拉斐德学院的大明星，很快他就被拉斐德学院破格录取了。与之前的学校相比，在拉斐德学院中能学到的东西更多了。很快索普就发现，自己不仅仅在田径方面十分擅长，在其他项目中也表现得毫不逊色，比如说橄榄球。可以说只要是需要“动”的项目，他都能比别人做得好。就连跳舞这项算不上体育的运动，索普都能够取得大赛的冠军。

但令索普名声大噪的还不止这些。在一场美式橄榄球比赛中，索普所在的队伍一举战胜了美国西点军校队。这支队伍中就包括一位未来的美国总统——艾森豪威尔。要知道在美国，从西点军校走出来的学生，每一个都是大人物，他们没有想到败在了索普的手下。

这之后，索普又尝试了更多不同的体育项目，无论是足球、篮球，还是曲棍球、摔跤，索普都将他的体育天分发挥得淋漓尽致。所以，几乎是理所当然的，索普成了一名运动员，在权衡再三之后，索普将他的所有注意力集中在了田径上。由于跑步、跳远、跳高等都十分拿手，索普最终将自己定位在十项全能项目上。

无处申冤

1912 年的奥运会在斯德哥尔摩举行。任何一个运动员都不会错过运动会，对于索普这样的运动员更是如此，他参加了这届奥运会五项全能和十项全能的比赛。

在五项全能中，索普在跳远、200 米、1500 米和铁饼这几个项目上都得了第一名，只有标枪位列第三。在十项全能中，索普发挥出色，总成绩高达 8412.955 分，整整超出第二名选手 690 分。他竟然同时打破了五项全能和十项全能这两项比赛的世界纪录。

当时的瑞典国王认为索普是世界上最伟大的运动员，为了表彰他，国王亲自给索普颁奖。奖品是一座奖杯，上面镶满了黄金和名贵的宝石，别提多漂亮了。索普捧着奖杯，对瑞典国王连连致谢。可是令索普没有想到的是，他这份激动和兴奋没有维持多久，就被“抢”走了。

就在比赛结束后大约一个月，国际奥委会接到一份举报，举报上称索普在两年前曾参加过半职业性的棒球赛。而根据当时奥委会的规定，职业运动员是不能够参加奥运会的，所以索普的成绩不能算数，第二年美国奥委会就将索普的奥运会冠军取消了，并没收了他的奖杯，还将他作为冠军的事实，永远在奥运会的史册上删除了。奥委会原打算将这个奖杯颁发给获得第二名的选手，可谁知第二名的选手认为索普才是当之无愧的冠军，所以拒绝拿第一名的奖杯。于是奥运会历史上第一次，冠军奖竟然没有发出去，只能暂时保存在博物馆中。

索普对此做出了诚恳的道歉，并表示自己在参加奥运会之前，并没有人告知他相关的规定，因为这些规定在他出生的地区，都是不存在的。所以索普请求能够将奖杯和奖金还给他，但是却遭到了拒绝。得知此事的人们纷纷为索普感到不公。因为这样的事情并不是索普一个人在做，很多运动员为了多挣一份微薄的收入，都会参加一些奥运会之外的比赛项目。但是为了不引起不必要的麻烦，他们都会使用化名，这几乎都已经成了公开的秘密。凭什么偏偏针对索普呢？难道就因为索普所属的民族人少势力薄吗？这样的事情如果发生在一个强大民族的运动员身上，还会是这样的结局吗？

在这之后的十几年里，为索普讨公道的声音不绝于耳，但是奥委会以各种理由拒绝了。尤其是布伦戴奇主席在位时期，甚至以“不知不是理由”回绝，他还说工人就应该专心将自己的工作做好，而不应该来参加奥运会。这样的说法一经流出，令人们气愤不已。人们猜测，布伦戴奇之所以这样“顽固不化”，不是因为别的，而是因为在斯德哥尔摩奥运会上，他在五项全能和十项全能中都没能赢索普，他这是嫉妒，是报复。

迟来的荣誉

在多次申辩无果的情况下，索普选择成为一名职业橄榄球运动员，后来他又成了美国全国橄榄球联赛的第一任主席，他在位期间，大大推动了橄榄球在美国的发展。

退役后，索普的生活每况愈下，他只能靠做一些临时的体力劳动挣取微薄的生活费用。1932 年奥运会就在洛杉矶举行，但是索普却连买门票的钱都没有。一个曾经震惊了体坛的体育明星，竟然因为穷困而看不起奥运会。这让人们唏嘘不已，于是很多人纷纷自己掏钱买了奥运会的门票，寄给索普。后来报纸又报道了这件事情，总统知道后，立即邀请索普跟自己一起坐在总统包厢里观看比赛。当索普再次出现在奥运会上时，人们沸腾了，齐声高呼着他的名字，向他致意。

但是这些对改变索普的生活状况并没有什么帮助，依旧不能让他的冠军身份得到认可，也不能为他带来额外的收入。就这样没过多久，穷困潦倒的索普被人发现死在了一个拖车停车场。人们在他的墓碑上，刻上了“你是世界上最伟大的运动员”。只可惜直到死，索普也没有得到一个公正的判决。

但是事实永远是事实，不管承认与否，它都不会随着时间的流逝而被掩埋。

终于，在索普去世29年后，国际奥委会承认了自己的错误，他们解除了当年的禁令，并且将索普的冠军纪录重新载入史册。然后，又将索普当年获得的奖杯交给了索普的女儿和他的孙子。这与索普当年夺得冠军的日子，整整相隔了70年。

陈一冰点评

为进入奥运会的选手营造一个公平、公正的环境，是每个国家（地区）的奥委会应该做到的事情。即便那个选手年事已高，即便那个选手来自贫困的地区，这都不应成为他们被抛弃的理由。要知道在奥运会的赛场上，任何人都有追逐梦想的权利。

索普的事迹让人感到惋惜。据悉，直到去世，他仍然在为自己讨还公道，他在意的并不是那为数不多的奖金，也不是那座金光闪闪的奖杯，而是“公道”二字。在追求“公道”的路上，索普一直坚持不懈，这也是我敬佩他的理由。因为做任何事情，都应该坚持，对此我有深刻的体会。

听我母亲讲，我生下来时还不到5斤，从小身体就很弱。为了让我得到锻炼，5岁的时候，父母把我送到了天津体校进行体操训练。那时我每天都要早早起床，然后进行枯燥乏味的锻炼，所以我很快就坚持不住了。12岁那年，我想到了放弃，因为感觉自己坚持了那么久，也没有得到任何回报。父母同意了我的选择，将我送进了一所普通中学，但是当我真正坐在教室里的时候，我才发现自己早已经习惯了每天锻炼的日子。

于是，经过这样一番折腾，我又回到了体校，这一次，我告诉自己，无论结果如何，我都要在这条路上坚定不移地走下去。就这样，一直坚持到了 2000 年，我依旧没有找到任何成就感，因此坚持得很痛苦，感觉总是看不清前面的方向。一个偶然的机会，我得以进入国家队，只不过是以“替补”的身份进去的。在那里，我只有训练的机会，却没有相同的待遇，几乎所有人都不认识我。那时，我再次有了退缩的想法，如果当时退出，自己永远都是国家队里的一名“无名氏”。想到这些，我再次坚持了下来。

这一坚持就是 8 年，我没有回过一次家，每天都坚持比别人多练一个小时或是半个小时。终于，在 22 岁那年，我得到了人生的第一枚金牌。那一刻我终于明白，什么叫作“机会都是留给有准备的人”；也明白了，坚持是一个恒久的过程，只有耐得住寂寞，才能取得最后的辉煌。

如果不坚持，之前所付出的一切，都将成为泡沫。在国家队的 11 年中，我看到很多队友坚持不到两三年就离开了，我从心里为他们感到可惜。如果能够再坚持一下，或许下一个领军人物就是他们中的一个。

因此，我想对青少年朋友们说：“如果你认准了一个方向，就不要轻言放弃，这个过程中会遇到很多挫折和困难，但如果你坚持下去了，结果会给你的努力一个最公正的答复。”

小贴士

TIPS

这都是因为钱

最早创办现代奥运会的人顾拜旦，不愿意让职业运动员参加奥运会。因为他认为职业运动员参加奥运会的唯一目的就是获取奖金，所以为了不让奥运会成为“唯利是图”的场所，禁止职业运动员参加奥运会。但如果参加奥运会的运动员偏偏就在意那点少得可怜的奖金呢？那是不是意味着他虽然不是职业运动员，也变成了职业运动员呢？

恐怖的能力

你们知道参加十项全能比赛的运动员，其能力有多强吗？他们要在两天内完成所有的比赛项目。

第一天：他们要参加 100 米跑、跳远、铅球、跳高和 400 米跑的比赛。

第二天：他们要参加110米跨栏、铁饼、撑竿跳高、标枪和1500米的比赛。

这样算下来，几乎一整天，他们都在比赛中度过。更可怕的是，别看十项全能考验的是他们的综合能力，就算单独把一项拿出来让他们比赛，他们的能力也毫不逊色。

可以说，能够参加十项全能比赛的运动员，都是综合了速度、爆发力、力量、柔韧性、弹跳力、耐力、平衡能力的强人。那又参加五项全能，又参加十项全能比赛的人，那就是强人中的强人了。

短跑故事

一切都逃不过“电子眼”

一眨眼的工夫

长久以来，在奥运会的赛场上，最受关注的项目莫过于100 米跑。一来是这项比赛速度之快让人不敢眨眼睛，因为几乎是一眨眼的工夫，选手们就已经冲过终点了；二来还是因为其速度太快，很多时候肉眼很难分辨出究竟谁才是冠军，所以比赛结局更具争议性。因此，不管是选手，还是裁判，似乎每个人都在急切盼望着有一种新科技，能够让他们从“无比纠结”中解脱出来。

1932 年的洛杉矶奥运会，100 米男子赛跑还没有开始，观众们就已经先沸腾起来了，纷纷发表言论，支持自己认为有望夺冠的选手。关于这场比赛的冠军得主，有两大热门人选，他们分别是托马斯·托兰和拉尔夫·麦特考夫。这两位选手都来自美国，并且同是美国短跑赛场上的常胜将军。其中托兰在 1929—1931 年领跑美国 100 米短跑，可到了 1932 年，一个叫麦特考夫的选手横空出世，一下子就占据了冠军宝座。从此，他们二人就进入了长久的较量当中，只要他们二人同时出现在赛场上，人们的眼睛就不敢眨一下，生怕错过了最精彩的夺冠时分。所以这次比赛，成了万众期待的一次决斗。

比赛开始了，所有选手都像箭一样射出，转眼间已经跑到了 60 米处，此时还是日本运动员吉冈隆德领跑，然而仿佛又是一眨眼间，托兰就已经跑到了吉冈隆德的前面，占据了第一名的位置。就这样度秒如年一般等到了 80 米关卡。这 80 米大关对于托兰而言，就像是一场噩梦，因为麦特考夫最擅长的就是 80 米冲刺。果然不出所料，一过 80 米，麦特考夫就开始与托兰并驾齐驱冲向终点，这也就是两三秒钟的事情。即便是距离最近的观众也分不清他们两人究竟谁要更靠前一点点，连裁判都觉得，两个人没准就是打成平手了。就在大家仔细分辨两个人到底谁在前谁在后时，再一眨眼，两个人竟然已经冲过了终点线。

这下可坏了，观众和裁判都没能分辨出两个人到底谁是冠军。其实不要说观众和裁判，就连托兰和麦特考夫，也不敢拍着胸脯保证自己就是第一名。因为他们两个人实在是太接近了，如果有先后，那也是毫厘之间了，这仅凭肉眼怎么能够分辨出来呢？

可是观众们都在等着宣布冠军得主，托兰和麦特考夫也在急切地等待着最后的结果，这一下，可把裁判员难住了。他看了看托兰，又看了看麦特考夫，可是看也白看，他们二人在冲过终点线后，都做出了庆祝胜利的手势，自然谁也不愿意当亚军。

这可怎么办呢？

被移交的铜牌

裁判没办法了，急得在赛场团团转。为了等待最后的结果，整个体育场安静极了。这安静对此时的裁判员而言，就像是无形的拷问一般。这时，一个声音响起："我们可以回看一下终点摄影机。”裁判一拍脑袋，哎呀，怎么没想到还有这个新式武器坐镇呢？在这次奥运会上，为了追求结果公平公正，所以引入了一个新设备——终点摄影机，俗称“电子眼”。这个“电子眼”可不同于肉眼，它不用眨眼，所以不会错过任何一个细节。于是众人赶紧去调出终点摄影来看。

几个小时过去了，原本安静的观众开始议论纷纷，有人认为是托兰第一，有人认为是麦特考夫先冲的线。终于，七名裁判的判决出来了，赢得金牌的人是——托兰！因为根据终点摄影记录，托兰以两英寸的优势率先通过终点。托兰终于一雪前耻，坐上了阔别已久的冠军宝座。

就在托兰感叹“电子眼”的功能强大时，“电子眼”又立了一“功”，只不过这次是在 110 米跨栏比赛中。

本来比赛已经结束，裁判们也有了一致的裁决——来自美国的运动员凯勒荣获季军。接下来就是按部就班地宣布名次、颁奖、领奖……凯勒按照裁判的指示登上了领奖台，领到了季军的荣誉和一块沉甸甸的铜牌。

然而，比赛结束之后，为了保证判决的公正，裁判们又不辞辛劳地重放终点摄影机拍到的最终画面。几位裁判对这一段录像重新进行审视时，忽然，有人发现，似乎是来自英国的运动员唐纳德·芬利先于凯勒冲过终点！于是大家把这一段录像从头到尾看了一遍又一遍，直到所有裁判一致认为：铜牌应当还给芬利。

一般来说，金银铜三块奖牌颁发之后就不会再更改，一来是尊重裁判的判决，二来也是为了少惹争端。但是如果就这样隐瞒了比赛的真实结果，那对选手是不公平的。于是，在比赛之后，几名裁判进行了改判——芬利为第三名。

那个时候和现在太不一样了，如果换做是现在的比赛，发生裁判改判这样的大事，不说召开正式的新闻发布会，也应该有一个正式的官方通告来告知天下，还运动员一个公道。但是在那个时候，运动并没有那么引人重视，关于改判这件事，就只有双方当事人和几名裁判知晓。所以当时只有相关的委托人告知了凯勒，而凯勒得知后就去找正在四处闲逛的芬利，然后将铜牌交给了芬利。

芬利得到了原本就该属于他的第三名。尽管他没有得到比这个更加有意义的激动人心的颁奖和大家的鼓励赞许，但是对于运动员而言，没有什么比自己的努力得到一个公正的结果更加令人欣慰的了。

陈一冰点评

起跑点相同，但却不一定能够同时到达终点。这是田径比赛最具有竞争性的体现，它的公平，在于每一个选手都在这个过程中全力以赴，以最真实的实力去获胜，所以如果比赛结果有失公正，那么选手们的全力以赴不就没有任何意义了吗?

奥运会上纵然有不公平的现象存在，但是每届奥运会都在为追求公平公正而付出努力。从最开始的肉眼辨别，到现在的“电子眼”，不管是在赛制上，还是在设备上，每一次都会有不同的突破。可以说，奥运会为了追求结果公正，不断地做出技术上的革新和改善。这就是奥林匹克精神所在，在不懈地追求中完善自己。

或许也正是因为在这样的环境中，让我不敢放松对自己的要求。每一个运动员，都会将成为冠军作为自己的人生目标，但是当达到这个人生目标后，人生似乎就没有任何追求了。那种感觉就好像在漆黑的胡同里，走了很长时间，前方的光亮是自己唯一的目的。但是当自己带着向往走出了胡同，得到了光明，还要重返这个黑漆漆的胡同时，心里就会彷徨，因为你不知道前方是不是还有亮光等着你。因为我一路都是这样走来的，所以知道这过程有多么可怕。那段时间，我的内心充满了彷徨，整个人都是迷茫的、无助的，人生瞬间就失去了方向。

每天我依旧训练着，但是却找不到往日的激情。个人竞技生涯到达了顶点，但如何在未来的人生中继续超越自己，却成了我所要面对的难题。

“人生的最大敌人就是自己”，经过很长时间的调整后，我才意识到这个问题，我需要超越的不是别人，而是自己。有时候我们不是败在别人的脚下，而是输给了自己。如果说人生就是一场角逐，那么我们应该在乎的不是赢了多少次，也不是输了多少次，而是自己和自己比拼，超越自己，才能做真正的冠军。

这是在我最迷茫的四年里，体会到的最本质的奥运精神。真正的冠军，应该包含三层含义，第一层是比赛的成绩，第二层是一贯的成绩表现，第三层是面对胜利和失败的态度。失败了能够坦然面对，胜利了能够不骄不躁，继续前行，超越自己。

小贴士
TIPS

奥运会上的高科技

摄影机器人：能够在摄影师不容易到达的地方，对运动员进行远程拍摄。

声音传播器：将一些人耳不容易听到的声音用一个特制麦克风录下来，然后再播放出来，让人们听到，比如：射箭时的声音。

虚拟自行车：运动员不需要真的到赛道上进行锻炼，只需要一个大屏幕和一辆虚拟自行车，就可以实现比赛前的模拟练习。

电子起跑仪：只要运动员一离开起跑线，就会亮起红灯，这样就能立刻知道谁第一个起跑，谁是最后一个起跑了。运动员的反应能力立刻就会暴露出来。

只要抓住横杆

在很久以前的奥运会上，是没有监控设备的，所以很多运动员为了赢得比赛，都会想方设法弄虚作假。其中有一个跳高运动员，他选择的作假办法既能把人蠢哭了，却又获得了不错的成绩。

这个运动员选择的方式是，在跳起腾空的瞬间，用双手握住横杆，这样即便是碰到杆了，杆也不会落下，然后再着地。虽然这个方式听起来不怎么容易掌握，但是他却凭着这种方式创造了奥运会历史上 1.98 米的跳高纪录。

后来，为了杜绝此类事情的发生，就改进了跳高时的横杆，只要轻轻一碰，横杆就会掉下来，这样即使运动员能抓住，也不敢抓了。

马拉松故事

迟到了半个世纪的冠军奖

“我是朝鲜人”

在柏林一家博物馆的角落里，静静地摆放着一个希腊骑士的青铜头盔，它不是历史文物，也没有什么纪念价值，它只是一个奥运会冠军的奖品，之所以出现在这里，是因为它的主人没办法带走它。

它的主人名字叫做孙基祯。

孙基祯出生在朝鲜半岛，不幸的是在他出生前，他的祖国就沦为日本的殖民地。所以他虽然是朝鲜人，却不得不起一个日本名字——孙龟龄。从懂事起，孙基祯就讨厌这个名字。

到了上学的年龄，孙基祯每天都要跑 5 公里去上学，可能因此，孙基祯渐渐喜欢上了跑步这项运动，不管天气多么恶劣，他都坚持跑步上学。后来，他对跑步的兴趣竟然超过了学习，每天不喜欢上课，只想在外面跑步。为此，孙基祯的妈妈想了一个不是办法的办法，就是给他穿上女孩子穿的鞋，这样他就没办法跑来跑去了。

可是没想到，这样的办法根本“捆”不住孙基祯那双好动的脚。孙妈妈见此，也只好放任不管了。得到“自由”的孙基祯全身心地倾注在了跑步运动上，并在 15 岁那年，超过了这场比赛中的所有成年人，拿下了自己的首个冠军。

因为跑步这个特长，原本因为家庭贫困放弃求学的孙基祯，意外得到了上中学的机会，并成为体育特长生。此后，只要是有他参加的大大小小的跑步项目，别人都别想拿到第一。很快，孙基祯将自己的目标锁定在了奥运会上。

但是，孙基祯想要参加奥运会，只能以日本选手的身份参赛。无奈之下，他与另外一个朝鲜选手报名参加了日本举办的奥运选拔赛。在选拔赛上，孙基祯表现突出，获得了参加奥运会马拉松比赛的资格。在报名时，他用了自己的朝鲜名字，却被勒令改成了那个让他讨厌的“孙龟龄”。

当时，孙基祯想：只要能够参加奥运会，就能够为国争光，所以只能忍一时之气。不过，后来有人找他签名时，他都签的是“孙基祯”，并且告诉别人“我是朝鲜人”。

屈辱的冠军

1936年的奥运会在德国柏林举行。在此之前的奥运会当中，获得马拉松比赛的冠军里从来没有亚洲人的身影，但是这一次，历史被孙基祯改写了。他以2小时29分19秒2的成绩，超过了上届奥运会的卫冕冠军阿根廷选手萨瓦拉，成为奥运会历史上，第一个获得马拉松比赛冠军的亚洲人士。不仅如此，他也是奥运会历史上，第一个跑进2小时30分的马拉松选手。

这份喜悦可想而知。但是当他看到体育馆中，伴随着日本国歌冉冉升起的日本国旗时，所有的喜悦都在一瞬间烟消云散了，他的脸上流露出痛苦的表情，他想要为国争光的梦想在刹那间坍塌了。作为冠军本该有的自豪，被屈辱挤得丁点不剩。别的选手领奖都是高昂着头，而孙基祯却是深深地低着头。这时，他看到了手中的月桂树枝，他的心里一动，将月桂树枝放在了胸前的位置，因为那里印着日本国旗的标志。

这一幕没有逃过德国摄影师的镜头。当照片被洗出来以后，日本政府大为恼火，他们向德国奥委会施压，要求德国奥委会收回孙基祯的奖品。一个是被殖民地压迫的平民，一个却是占据了大半个亚洲的国家，一个是胳膊，一个是大腿。该向着谁，德国奥委会自然不会含糊。就这样，孙基祯的冠军奖品被扣押了，藏进了柏林一家博物馆内。

这一藏，就是 56 年，半个世纪都过去了，朝鲜早已经不是日本的殖民地了。终于，在 1986 年举办的“纪念柏林奥运会 50 周年大会”上，当时的德国奥委会主席维利 · 道默将这座迟到了半个世纪的奖品还到了老人手中。此时孙基祯已经 74 岁了。

时隔一年，在韩国汉城举办的奥运会开幕式上，孙基祯作为奥运会接力火炬手的最后一棒，跑进体育场时，在场的观众们都认出了他，这个曾经试图用自己的双脚为国家洗刷耻辱的老人，因此纷纷对老人致以欢呼和掌声。他虽然不是奔赴战场为国家抛头颅洒热血的战士，但是他却是赛场上奔跑的英雄。他的伟大，值得人们为他鼓掌和欢呼。当时观众席上还有很多日本人，或许他们并不知情，也或许他们有所了解，但是他们也为这位老人送去了掌声。

当然，岁月不会让遭受命运不公的孙基祯仅仅得到欢呼和掌声，还要将曾经被剥夺的荣誉还给他。就在 1992 年的巴塞罗那奥运会上，一个名叫黄永祚的韩国选手获得了马拉松比赛的冠军，他的教练，就是这个故事的主人公——孙基祯。

陈一冰点评

对于一个运动员而言，最大的荣誉就是能够有机会参加奥运会，如果还能够为祖国争得一块金牌，那就等于完成了自己人生的终极梦想。尽管我已经退役很久了，但是每当想到自己在奥运会体育场中，听到中国的国歌响起，看到中国的国旗升在最顶端的场面时，那种自豪感就会从心底油然升起。我无法想象，孙基祯这样的事情放在我身上，我是否能够接受得了。当一个运动员带着不能代表自己的国家的屈辱参加奥运会、争得荣誉时，那该是怎样一种心痛?

所以孙基祯才会成为教练，所以他才会倾其一生的能力和经验，为自己的国家培养体育人才。他渴望有一天，能够以祖国的名义，再次出现在奥运会的场馆中。终于，他做到了。时隔多年后，他赢回了属于他的荣誉，也真正为自己的祖国赢回了尊严。

这样的运动员在我国也有很多，比如单刀赴会的刘长春，当初日本人威逼他代表日本参加奥运会，但是刘长春却宁死不从，后来在张学良将军的帮助下，他才得以以中国人的身份参加了奥运会。这种爱国精神，值得我们每一个人学习。

爱国，不是一句空话，也不是一种形式，而是一种行为、一种信念。记得在一场网球比赛中，当冠军得主站上领奖台时，正在冉冉升起的国旗却被风吹走了。象征着自己荣耀的标志不见了，但是那个运动员脸上依旧挂着自豪的微笑。这是一种深入骨髓的爱国精神。

还记得有一次，我去参加宝马汽车的新款发布会，看到德国生产出来的汽车时，不禁想到了我们国家自己生产的汽车，我们为什么不能像日本或是韩国一样，上至国家领导，下至平民百姓，都支持自己国家生产的汽车呢？虽然我也会用一些外国的产品，但是从内心而言，我最希望看到的是自己国家的产品越来越好，直到站在世界的顶端。我期望我们每一个人都争相购买国货，将购买国货视为一种骄傲。

只有每个人心中怀有爱国之心，我们的祖国才能够成为一个团结和睦的大家庭。作为青少年，虽不能像孙基祯一样，在世界大赛中为国家赢得荣誉，但是却可以通过努力学习文化知识，参加各种比赛，发挥个人所长……用这样的方式去实现自我价值，当自我价值得到实现和提升时，那就是一种爱国精神的体现。

小贴士
TIPS

为了得奖也是拼了

第一届现代奥运会在希腊的雅典举行，但让希腊人民郁闷的是，所有的项目都快比完了，希腊也没有夺得一枚金牌。眼看着就剩下最后一项马拉松比赛了，为了激励运动员得金牌，希腊人民开始放“大招”了，他们共准备了如下奖品：

900 千克的巧克力；

一桶酒；

终身免费提供服装；

嫁一个女儿给他，并提供 100 万的希腊金币；

终生免费刮胡子。

这些奖品果然具有激励作用，一个名为路易斯的希腊小伙子获得了冠军，只是这个小伙子却放弃了所有的奖品，只是要了一匹马和一辆车。还真是让人有点想不通呢！

马拉松比赛中的汪星人

什么？汪星人也能参加马拉松？是的，你没有看错。在马拉松的赛场上，有的时候不仅仅只有人类哦。在前不久的一次马拉松比赛中，就出现了非常有爱的一幕。

一只小狗偷偷溜进了马拉松的赛场，并且与选手们一同从起点出发，向终点奔去。在这期间，它曾几次被路边的小花小草吸引，但是它都没有忘记自己的“使命”，很快又回到了赛道上，与选手们并驾齐驱。最后，小狗拿到了第七名哦！不知道第七名以后的选手心里作何感受呢？

马拉松故事

送给最后一名的掌声

必须完成比赛

1968年的坦桑尼亚，刚刚成立联合共和国不久。面对又一届奥运会，这个新成立的国家，希望能够通过参加体育赛事，让世界认识自己。所以，他们派了三名运动员来参加墨西哥奥运会。可以说，这三名运动员的身上，被寄予了一个国家的厚望和期待。他们自己也深感责任的重大，同时也为自己能够代表国家来参加奥运会而激动和兴奋，觉得是一种莫大的荣耀。

在这三名运动员中，有一个叫阿赫瓦里的选手，他参加了马拉松比赛。参加这次马拉松比赛的共有70多名选手，分别来自44个国家，可谓竞争激烈。在阿赫瓦里比赛之前，与他一同前来的两名队友，就已经完成了比赛，他们一个参加了拳击比赛，另一个参加了400米跑，但是都没能取得足够出色的成绩。这让阿赫瓦里感到压力更加巨大了。

作为运动员，阿赫瓦里已过而立之年，这个年纪参加奥运会，已经属于“高龄”了。但是站上奥运会的赛场，是阿赫瓦里一直以来的梦想。出生于坦桑尼亚的阿鲁沙地区的阿赫瓦里，他的童年记忆就只有粗茶淡饭和破衣烂衫而已。但是非洲这片广阔的平原，成了阿赫瓦里最大的财富，每天放学之后和小伙伴们自由地奔跑，是阿赫瓦里记忆里最快乐的时光。所以，当阿赫瓦里得知要参加奥运会时，他的内心充满了对胜利的渴望。

比赛当天，阿赫瓦里与其他参赛选手一同从起点出发，这之中不乏曾经蝉联奥运会马拉松冠军的选手阿贝贝，以及后来在此次比赛中夺冠的沃尔德等体育健将。

起初，比赛的道路还算平坦，选手们还能保持轻松的步伐。但是到了 11 公里之后，这是一段海拔超过 2200 米的路程，很多不习惯高原比赛的运动员开始感到不适，阿贝贝由于带伤参赛而第一个退出了比赛。

等到了 18 公里，习惯了在平原奔跑的阿赫瓦里也开始感到不适。在这样的运动量下，他比平时更容易感到疲劳，而他身边的其他选手甚至有的已经晕倒。又过了一会儿，阿赫瓦里不光是受到疲劳的轰炸，肚子也开始感到疼痛，一阵阵地抽筋。再加上缺氧，阿赫瓦里开始有些分不清东南西北了。他只知道要尽力向前跑，保持身体平衡，但是在这样的情况下谁都无法持久保持清醒。终于，阿赫瓦里坚持不住摔在了地上，这一摔直接导致了他右腿严重受伤，这对一个马拉松运动员来说简直是毁灭性的打击。

阿赫瓦里的教练赞比看到了这一幕，连忙跑过去对他进行紧急包扎，但是由于条件有限，也只是用绷带裹住了他的伤口。

“要不，你也退出吧！这腿……”

“不，我不能退出。我必须完成比赛！”不等教练把话说完，阿赫瓦里就打断了教练的话。

阿赫瓦里的倔强，让教练也找不到理由来劝阻他了。

最伟大的一幕

虽然下定决心要跑完全程，但是因为腿伤严重，阿赫瓦里此时已经疼得倒抽冷气了，他的眉头紧紧地皱在一起，冷汗从头上不断地流出，然后掉在地上。就这样，阿赫瓦里不知道自己休息了多久，他多想就这样坐在地上再也不起来了，可是他知道他不能这样做，就算是爬，他也要完成比赛。

终于，阿赫瓦里又站了起来，他忍着腿部的剧痛，继续向前跑着。然而没跑多久，赞比就看出来阿赫瓦里其实并不能继续比赛了，于是他试图说服阿赫瓦里放弃比赛，甚至强迫他停下来。但是阿赫瓦里却并不这样想，他的心中装着坦桑尼亚，他没办法说服自己放弃。

天空一点一点变得昏暗，1968 年墨西哥奥运会的马拉松比赛此时已经结束了。通向体育场内的大门也已经关起来了，看台上只剩下三三两两的观众，大部分都看完比赛回家了，只剩下裁判和做收尾工作的工作人员还在忙碌。

突然，一阵急促的报警器声音吸引了所有人的注意，体育场入口的大门缓缓打开，一个跌跌撞撞的黑影就这样进入了大家的视线之内，这个身影孤独而又蹒跚，没有人反应过来这是谁，直到有人大喊一声：还有一个人没有跑完！

没错，这个姗姗来迟的最后一名就是马拉松比赛选手——来自坦桑尼亚的约翰·阿赫瓦里！

在摄像机的微弱灯光下，构成了这样一幅催人泪下的图景。

他跑着，却仿佛比走还要慢，一瘸一拐，膝盖上还有简单包扎的绷带在不停渗出鲜红的血。他的表情痛苦，步履蹒跚，迈着艰难的步伐一步一步地挪进了体育场，这一幕吓坏了在场的人，而当大家明白过来后，又不由心生敬佩，纷纷停下了手里的工作，站在原位，为这位执着而又坚定的运动员大声地鼓掌喝彩，仿佛他就是第一个冲向终点的人。这些掌声和欢呼声，瞬间鼓舞了阿赫瓦里的斗志，他一边慢慢跑着，一边向大家回礼。

这一幕，经过摄影师的镜头，被传到了全世界，人们将此称为“奥林匹克史上最伟大的一幕”。这些镜头反复出现在观众们的眼前，每一次出现，都能够让观众热泪盈眶地为他竖起大拇指。

阿赫瓦里终于到达了终点！此时终点的大门已经被拆除，终点线对人们已经没有了吸引力，但是这里热情的观众和体育场的掌声，成了对阿赫瓦里最大的鼓励。而此时，距离马拉松比赛开赛已经过去了四个多小时。

刚刚通过终点，阿赫瓦里就因为体力不支倒在了地上，被送进了医院。他休养了长达两周的时间。在医院里，阿赫瓦里接受了采访，当记者问他是什么支撑他完成了比赛时，他这样回答："我的祖国派我到这里来，不是让我仅仅开始比赛的，而是让我完成比赛的。"

陈一冰点评

在竞技比赛中，人们最能够记住的就是冠军，因为他或是冲在最前或是姿势最完美，总之是那些运动员中最优秀的一位，万里挑一。但是除了冠军之外，赛场上还有很多值得大家铭记的身影，他们甚至不是亚军不是季军，而是最后一名。

直到今天，人们谈起当年的墨西哥奥运会，总会再谈到这个姗姗来迟的最后一名，这个在最后一刻出现的选手，一直存在于人们的记忆里。他千里迢迢来参加奥运会，虽然没有得到任何奖牌，但他也是一个英雄。

比赛贵在坚持，尤其是在以毅力著称的马拉松比赛中，坚持就显得尤为重要。以速度赢得冠军冲向终点的第一名令人钦佩，但是即便是最后一名也坚持完成比赛的选手更显得难能可贵。完成比赛，可能在很多人看来只是为了得到一个结果，但实际上它却有着更加深刻的含义。北京奥运会上，当我们看到刘翔单腿跳到最后一个栏杆，并亲吻栏杆时；当我们看到左腿骨折却依旧坚持跑过终点，进入决赛的米切尔时，就不难理解阿赫瓦里所做的一切了。

哪怕是最后一名，也要完成比赛，这是参加奥运会的使命！每一个完成了使命的运动员，不管是第一名也好，还是最后一名也好，他都应该得到观众最热烈的掌声和最崇高的敬意。

从阿赫瓦里的身上，我看到了“责任”二字，责任无形又无色，只能用心去感受。就像我们敬爱的周总理，他为了中华崛起而读书，这就是责任。能够担当责任，是一种光荣，所以阿赫瓦里才将这场没有拿到奖牌的比赛作为自己的成就。

担当责任，还得扛得起压力。当初我想在自己表现最好的时候选择退役，却没有想到自己被任命为队长。一时间，我感到压力重重，因为这意味着我不但要将现在的成绩保持住，还要取得更好的成绩，否则怎么能对得起“队长”这个头衔呢？庆幸的是，我顶住了压力并承担起了责任，当我带领中国男子体操队在伦敦奥运会中成功卫冕冠军时，我才体会到那种成就感，那种肩负使命、完成使命的成就感。

一个人只有把责任放在心中，他才能从心底生发出无数向前努力的动力。作为青少年，当面对成长中的困难时，就应该静下心来想一想，想想自己身上背负的责任，不光有对祖国的、父母的责任，更重要的是对自己的责任，这样就能找到前进的动力了。

小贴士 TIPS

自我惩罚

在奥运会上，得了冠军的选手欢呼雀跃，那没能得冠军的选手会怎么做呢？大部分选手会总结经验教训，然后下一次再接再厉。但还有一些比较极端的选手，比如有一个女选手在标枪比赛中失利了，她竟一气之下到理发店剃了一个光头。同样剃了光头的，还有日本女子摔跤队，她们也曾因为在奥运会上表现不好，而集体剃了光头。

哎……输了比赛没什么大不了，干吗要跟自己的头发过不去呢！头发会感觉很冤的。

历史上跑得最慢的运动员

1976 年的奥运会上，来自海地的选手查尔斯，用时 42 分钟跑完了 10 000 米的比赛，通常别人只需要 28 分钟。后来经过查实，原来查尔斯只是一名政府工作者，根本不是什么运动员。之所以让查尔斯来参加运动会，是因为海地政府官员将为奥运会准备的奖金全部花光了，没钱给获奖的运动员颁奖了，所以才出此“下策”。

长跑故事

“赤足天使”的不白之冤

生就一副“铁脚板”

在南非美丽的大草原上，几乎每天早上，人们都能看到一个个子不高，但双腿却十分修长的女孩儿，如一只羚羊般，在干涸的褐色土地上，轻快地奔跑。而最引人注意的，是她的双脚，那双脚竟然没有穿鞋。这似乎已经成了她的习惯，这样的奔跑让她感受到了自然的广阔无垠，让她在无拘无束中体验着速度带来的快感。

这个女孩儿就是后来打破世界长跑纪录的佐拉·巴德。

15 岁那年，巴德参加南非青少年 1500 米比赛，以 4

分 9 秒 1 的好成绩，打破了青少年组的纪录，并且仅差 0.5 秒就成了南非成人长跑的最高纪录。仅一年之隔，她又打破了日本选手创下的 5000 米世界纪录和苏联选手创下的 3000 米少年世界纪录。17 岁，在一场 5000 米的长跑比赛中，巴德又以 15 分 1 秒 83 的成绩，超过了该项纪录保持者玛丽・德克尔 6 秒多。玛丽・德克尔是美国长跑比赛的宠儿，因为她多次在世界比赛中摘得金牌，因此，巴德将德克尔视为自己的偶像，还将她的照片贴在自己房间的墙上。能够与德克尔同场竞技，是巴德长久以来的梦想。

但是，上帝虽然给了巴德一双创下多个世界纪录的“铁脚板”，却让她降生在了南非。当时的南非被奥运会排斥在外，所以南非的运动员无论多么优秀，都无法参加奥运会。这对巴德而言，就意味着她跑得再快，也无法跑出国门，跑向世界。好在这个世界上还有很多的惜才之人，有一些美国大学向巴德抛来了橄榄枝，如果巴德愿意到美国去读大学，那么她就能拥有美国国籍，这样她就能参加运动会了。但是巴德认为美国离她的家乡太远了，她不想离开自己的爸爸妈妈，所以只好拒绝了。还有一个65岁的意大利人，他为了让巴德获得意大利的国籍，所以向巴德求了婚。但是巴德认为自己才17岁，还不到结婚的年龄，所以也拒绝了。

巴德不是不想参加国际赛事，只是她不希望用这种旁门左道的方式达到自己的目的。思来想去，巴德决定申请英国公民的身份，因为她的祖父是在英国出生的。但是申请英国公民身份可不是一件容易的事情，需要很多复杂的手续不说，英国人也因此而争论不休。有的人认为既然奥运会不允许南非参加，那么英国也没必要去掺和这个麻烦；但也有人认为，巴德加入英国籍后，能够为英国的体育界增光添彩。

而此时距离奥运会开始已经没有多长时间了，根本等不及英国人意见达成一致。眼看着巴德就要错过这届奥运会了，在这个紧急关头，一个记者挺身而出，他不但帮助巴德弄到了英国护照，还将巴德的爸爸妈妈一同接到了英国。

刚加入英国国籍，巴德就立下了“汗马功劳”，她在一场 3000 米的比赛中取得了冠军，顺利获得了参加奥运会的资格。她的表现，让那些原先反对她加入的人闭上了嘴。

奥运会如期举行。在 5000 米预赛中，巴德以小组第三名的成绩晋级决赛。在决赛的选手名单中，就有巴德的偶像德克尔。终于能够跟偶像同场竞技了。巴德内心既激动又有些不安。万一自己赢不了比赛，那该怎么向对她寄予厚望的英国人交代呢？

偶像倒在自己脚下

比赛很快开始了。德克尔一直遥遥领先，第一圈结束后，巴德渐渐赶了上来。然后在接下来的三圈里，巴德都保持着与德克尔相同的速度，她在等待超越偶像的时机。到第四圈时，巴德找准了时机，超越德克尔，并占据了里侧的跑道。德克尔自然不会让一个新人超过自己，所以她也不甘示弱，想要追上仅有一步之遥的巴德。却没有想到，她这一举动，给自己招来了“灾难”，就在她试图超过巴德的时候，她们两个人的腿绊在了一起。德克尔的身体不由自主地向前倾去，手也随着身体的动作，将前面巴德后背上的号码牌给拽了下来。巴德一回头，发现了令她震惊的一幕：德克尔重重地摔倒在她的脚下，并痛苦地滚到了赛道的里面。

在场的美国人看到自己国家的冠军人选就这样被“淘

汰”出局，内心的愤恨可想而知。一时间，针对巴德的唏嘘声爆发在体育场上空。此刻的巴德头脑里就像装满了糨糊，她不知道该怎么办？她认为自己没有做错什么，但是人们似乎并不这么想。然而，除了完成比赛，巴德也不知道自己还能做什么。

德克尔下场了，巴德还在赛场上。所以她接下来会遇到什么，几乎不用想象。人们纷纷不停地指责这个只有 17 岁的姑娘，那些声音就像是重锤般，压得巴德喘不过气来。她的步伐越来越慢，原本排在第一名的她，逐渐被身后的选手超过。当到达终点时，她只获得了第七名。

而这个前所未有的坏成绩,还不是让巴德最伤心的事情。让她难过到不能自已的是，当她满怀着诚意向摔倒的德克尔道歉时，不但被对方拒绝了，还被臭骂了一顿。等德克尔情绪平复后，巴德又找了个机会，向德克尔道歉，这一次德克尔接受了。但是在此后很多个公众场合，德克尔都不忘将此事重提一下，很显然，她依旧对巴德耿耿于怀。

事情如果发生在今天，人们可以通过数字化的手段，将那天的比赛情景放慢到毫秒的速度，还原当时的情景。但在那个年代，比赛只留下了一盘录像带，甚至连一张清晰的照片都没有。

到底是谁的过错？不同立场的人，给出了不同的答案。

有的人说，两人是在奔跑中，不慎将两条腿缠绕在了一起；但更多人的说法是，作为比赛经验十分丰富的德克尔，她应该一眼就能看出巴德虽然个头小，但是节奏十分奇特，而且双肘摆动的幅度也十分大，谁靠近她都是自讨苦吃，除非是为了干扰她。也就是说，更多人倾向于德克尔的摔倒，是因为她有意干扰巴德，所以自讨苦吃。当然，德克尔本人也对此做出了解释，她口口声声说是巴德想要绊倒她，如果她不选择自己摔倒，就得将巴德推倒，而她选择了自己摔倒。作为另一个主角的巴德，却对这件事情没有做过任何说明，她只是道了歉，却没有被德克尔接受。最后，她在自己的自传中表示，那一天是她人生中最糟糕的一天。

事情到此为止，明白的人在心中已经有了答案。但是往事不能重来，或许对于巴德而言，得到观众的理解，就是她最大的欣慰了吧。毕竟，当年就是因为观众，才让她失去了继续比赛的信心，也错过了一个运动员最辉煌的时期。

陈一冰点评

尽管巴德在长跑运动中，就犹如一块璞玉，但是她的光芒还没有被大家赞赏，就被浮尘掩埋了。

在今天，我们似乎很难理解，为什么有些国家会被奥运会拒之门外。但是在过去，这样的事情确实会发生。根据奥林匹克精神，奥运会的参赛权是属于任何一个国家的，每一个靠公平竞争取得胜利的运动员都能够站在奥运会的赛场上。只有这样才能实现奥林匹克的理想，那就是让全世界的运动员，在奥林匹克的精神下，进行公平合理的竞赛。如此这般，世界就会一片祥和，就不存在所谓的斗争。

但不幸的是，巴德没有这样的好运气，她被无情地吞没在政治旋涡中。如果没有这些不公平的现象存在，巴德的成绩或许早就被载入史册了，那么后来发生的一切，也就不会导致观众们的情绪出现“一边倒”的状况。人们之所以将所有的罪过都推到巴德身上，很大程度上不就是因为她是一个名不见经传的小运动员吗?

在奥运会的赛场上，运动员的胜与败，除了他们自身的因素和裁判的因素外，现场的观众们也扮演着重要的角色。很多时候，观众们的表现，直接影响着运动员的发挥。比如跳高、跳远、射击等比赛，并不是观众们的叫声越大，运动员就能发挥得越好，相反还会扰乱运动员的心神，影响他们的发挥。

可以说，观众之于比赛，就像是人的血液之于身体一般，这是何其重要啊。记得在我最迷茫的时候，几乎每时每刻都想着离开体操赛场。但是每当我结束了一天的训练，打开电脑，看到网友们给我的留言时，他们的鼓励、安慰和支持，在我已经无法靠自己的意志力坚持下去的时候，汇集成了支持我坚持到伦敦奥运会的巨大力量。

所以说，观众们的支持，对于运动员而言，真的很重要。因此，与其说是结果欠巴德一个公正，倒不如说是观众们的表现欠巴德一个公正。如果那天在赛场上，观众们没有因为自己支持的选手意外出局而将矛头对准巴德，那么巴德所面对的，或许就是另外一种人生了。不过好在后来的巴德用沉默不辩为自己再次赢得了观众们的肯定，这对巴德而言，或许就是最好的“救赎”了。

小贴士 TIPS

曾遭奥运会排斥的国家

虽然奥林匹克精神崇尚“公平公正”，但是举办了这么多届奥运会了，并不是每个国家都有参赛“资格”的。1920 年的德国、奥地利、土耳其和匈牙利这几个国家，因为他们发动了第一次世界大战，并且是战败国，为了惩罚他们，所以没有让他们参加奥运会。还有因为实施不同肤色不同对待的政策，导致南非从 1964 年到 1992 年都没有被邀请参加奥运会。

奇怪的装束

与巴德一样不爱穿鞋奔跑的运动员还有来自埃塞俄比亚的阿贝贝。而在奥运会的赛场上，喜欢穿着“奇装异服”出场的运动员也不在少数。有一位意大利的运动员在跑步时，总喜欢戴着墨镜，可不是因为他眼睛有问题哦，而是因为他认为这样可以把对手远远地甩到后面。还有一个澳大利亚的选手，他在奔跑时喜欢穿袋鼠皮制作的跑鞋，他认为这样可以让他借助袋鼠的速度，跑得更快。

奥运冠军陈一冰给孩子的运动建议

想要身体棒棒的就一定要运动

小朋友运动不足的坏处

小朋友，你们知道吗？如果在日常生活中运动不够，不但会使身体发育不协调，还会造成许多功能性障碍。

首先，运动不足会让心血管系统和呼吸器官的适应能力大打折扣，当你在进行体力或脑力劳动时就会比经常爱运动的孩子更容易感觉到累。其次，如果大家不常在室外活动、不做操或不从事体育运动，心情和睡眠都会不好，对外界的刺激也会比较敏感。另外，据国外研究机构进行的专门调查表明，肌力衰弱会降低对致病微生物和温度变化的抵抗力。因此，运动少的小朋友要比运动多的同龄人更易得口腔传染病。

小朋友们一定要知道，身体的健康成长离不开运动。大家要处理好学习与运动的关系，要把运动健身作为自己成长的动力，作为对自己心灵与意志的磨炼，以及提高社会适应能力的有效方式。

适量运动，受益终身

从小身体好，会让自己受益终身。而达到健康目标的重要途径之一便是运动。研究证明，运动不仅对小朋友的身体健康有着良好的作用，对心理发展也有着良好的影响。

适宜的运动能促进儿童心血管功能的改善以及骨骼和肌肉的生长，能促使呼吸系统加强工作，能提高儿童的消化和代谢功能，能提高儿童身体活动的准确性、灵活性和协调性，同时，对于促进儿童的心理健康也能起到一定的作用。以轮滑为例，它除了锻炼儿童的体能、耐力、身体平衡性、协调性以外，还可以提高一些胆小儿童的心理素质，使一些内向的儿童也能表现自己。

运动能让小朋友更聪明

喜爱运动的小朋友更聪明，这是因为运动可以刺激大脑中枢区域的生长，从而促进大脑的成熟。

有调查显示，一个人的运动能力对智力和创造力都有很好的提升作用。喜欢运动的孩子在课堂上更专注、记忆力更强，课堂表现也更加积极。一项调查表明，在运动多的季节，孩子们完成作业的速度和质量比平常有明显的提高。另外，每天适当参加户外活动，还能帮助大家提高睡眠质量，增强记忆力。

又能开心地玩、又能提高学习效率，看到这里，小朋友们一定想立刻去运动了吧？

那么，多少运动才合适呢？事实上，少年儿童所需要的运动量要比想象的少，我们并不需要整天在运动场上，只要保证每天都有运动时间，就可以从很少量的运动中即刻获益。即便是超重儿童，也只要保证每天至少有 40 分钟的有氧运动，就能够提升大脑的执行功能。而对于大多数正常儿童来说，许多调查都表明，认知能力的提升仅仅需要每天 10 分钟的蹦蹦跳跳和击掌运动。

运动不可“三天打鱼，两天晒网”

当然，有些小朋友由于自觉性和毅力不强，可能出现“三天打鱼，两天晒网”的情况，这时，可以邀请爸爸妈妈进行督促鼓励。跟爸爸妈妈一起制订运动计划，明确运动的目标、内容、时间和次数。

对于不爱运动的小朋友，还可以和爸爸妈妈约法三章，偷懒的时候让爸爸妈妈采取强制措施，如定时叫起床，督促外出运动，并必须完成一定的运动量后才能回家。当孩子们锻炼认真时，家长要给一些鼓励，不认真时可以惩罚，直至小朋友们养成运动的好习惯。